Sobre o estudo da poesia grega

CB125585

BIBLIOTECA PÓLEN

Para quem não quer confundir rigor com rigidez, é fértil considerar que a filosofia não é somente uma exclusividade desse competente e titulado técnico chamado filósofo. Nem sempre ela se apresentou em público revestida de trajes acadêmicos, cultivada em viveiros protetores contra o perigo da reflexão: a própria crítica da razão, de Kant, com todo o seu aparato tecnológico, visava, declaradamente, libertar os objetos da metafísica do "monopólio das Escolas".

O filosofar, desde a Antiguidade, tem acontecido na forma de fragmentos, poemas, diálogos, cartas, ensaios, confissões, meditações, paródias, peripatéticos passeios, acompanhados de infindável comentário, sempre recomeçado, e até os modelos mais clássicos de sistema (Espinosa com sua ética, Hegel com sua lógica, Fichte com sua doutrina-da-ciência) são atingidos nesse próprio estatuto sistemático pelo paradoxo constitutivo que os faz viver. Essa vitalidade da filosofia, em suas múltiplas formas, é denominador comum dos livros desta coleção, que não se pretende disciplinarmente filosófica, mas, justamente, portadora desses grãos de antidogmatismo que impedem o pensamento de enclausurar-se: um convite à liberdade e à alegria da reflexão.

Rubens Rodrigues Torres Filho

Friedrich Schlegel

SOBRE O ESTUDO DA POESIA GREGA

Tradução, apresentação e notas
Constantino Luz de Medeiros

ILUMINURAS

Coleção Biblioteca Pólen
Dirigida por Rubens Rodrigues Torres Filho e Márcio Suzuki

Copyright © 2018 desta edição e tradução
Editora Iluminuras Ltda.

Capa
Eder Cardoso / Iluminuras
sobre projeto gráfico de Fê

Imagem de capa
Estátua em mármore de Diadúmeno [fragmento], de Policleto
Imagem de Friedrich Schlegel, 1829, por J. Axmann

Revisão
Milagros Luna
Editora Iluminuras

Este livro segue as novas regras do Acordo Ortográfico da Língua Portuguesa.

CIP-BRASIL. CATALOGAÇÃO NA PUBLICAÇÃO
SINDICATO NACIONAL DOS EDITORES DE LIVROS, RJ

S366s

Schlegel, Friedrich, 1772-1829
Sobre o estudo da poesia grega / Friedrich Schlegel ; tradução Constantino Luz de Medeiros. - 1. ed. - São Paulo : Iluminuras, 2018.
160 p. : il. ; 21 cm.

Tradução de: Über das Studium der griechischen Poesie
ISBN 978-85-7321-588-5

1. Filosofia alemã. I. Romantismo alemão II. Poesia Grega III. Medeiros, Constantino Luz de. IV. Título.

18-50014 CDD: 831
CDU: 82-1(430)

2020
EDITORA ILUMINURAS LTDA.
Rua Inácio Pereira da Rocha, 389 - 05432-011 - São Paulo - SP - Brasil
Tel. / Fax: 55 11 3031-6161
iluminuras@iluminuras.com.br
www.iluminuras.com.br

SUMÁRIO

O ANTIGO E O MODERNO EM FRIEDRICH SCHLEGEL

Constantino Luz de Medeiros

Apenas o que é universal é lei e arquétipo
para todas as épocas e povos.
Friedrich Schlegel[1]

O ensaio *Sobre o estudo da poesia grega* foi escrito durante o ano de 1794, sendo entregue ao editor Michaelis apenas ao final de 1795. Embora algumas partes tenham sido publicadas anteriormente, o escrito somente viria a público em sua totalidade no ano de 1797, no volume intitulado *Os gregos e romanos. Ensaios históricos e críticos sobre a Antiguidade clássica.*[2] Nessa edição de 1797, a qual continha não apenas o ensaio *Sobre o estudo da poesia grega,* mas ainda outros textos de Schlegel sobre a Antiguidade clássica, o editor publicou o prefácio do ensaio como introdução ao volume inteiro. Mais tarde, no ano de 1823, na edição que o próprio Schlegel organizou de suas obras completas, o prefácio foi finalmente inserido como parte integrante de *Sobre o estudo da poesia grega.*[3]

[1] SCHLEGEL, Friedrich. "Über das Studium der Griechischen Poesie". In: *Kritische Friedrich Schlegel Ausgabe*, v. I. Paderborn: Ferdinand Schöningh, 1967, pp. 205-367. Trata-se do primeiro volume da edição crítica das obras de Schlegel, doravante citado como "KA-I", seguido da página.

[2] SCHLEGEL, Friedrich. *Die Griechen und Römer. Historische und Kritische Versuche* über *das klassische Altertum.* Neustrelitz: Hofbuchhändler Michaelis, 1797.

[3] SCHLEGEL, Friedrich, op. cit., 1967, p. 204.

Entre as razões que contribuíram para a fama do escrito de Schlegel é que o ensaio pode ser considerado uma das primeiras tentativas de se estabelecer uma clara distinção entre as épocas da literatura, diferenciando a poesia objetiva dos antigos da poesia *interessante* dos modernos. Ao lado da antinomia entre a poesia ingênua e a poesia sentimental estabelecida por Schiller, o escrito de Schlegel fornece parâmetros concretos para a compreensão histórica das épocas da literatura, ao mesmo tempo em que pode ser compreendido como mais um capítulo da famosa *Querelle des Anciens et des Modernes*.[4]

É na casa da irmã Charlotte, em Dresden, que o pensador romântico encontra a tranquilidade necessária para responder à conhecida questão levantada por Herder sobre o paradeiro de um Winckelmann da poesia alemã, ou seja, alguém que pudesse realizar no âmbito da literatura o mesmo que o grande estudioso da arte antiga realizara pela escultura grega. De fato, os escritos sobre a Antiguidade clássica de Schlegel recebem o caloroso elogio de grandes estudiosos de sua época, como F. A. Wolf e Christian Gottlob Heyne.[5] Para esses eruditos, com Schlegel a poesia dos gregos fora elevada a um grau jamais visto; suas análises sobre as diversas tendências, escolas, autores e mesmo sobre aspectos específicos, como os dialetos em que essas obras foram escritas atestam a incrível maturidade filológica do jovem Friedrich Schlegel.[6]

Johann Joachim Winckelmann havia descrito a arte dos antigos como uma história natural perfeita e acabada, a qual, sob um céu afortunado e as condições mais propícias seguira o curso natural de nascimento, crescimento, auge e declínio, como qualquer organismo da natureza. Schlegel pensa o mesmo sobre a poesia dos gregos. Em carta escrita a August Wilhelm ainda no ano de 1794, o crítico afirma que "a história da poesia grega é uma

[4] BEHLER, Ernst. *Friedrich Schlegel mit Selbstzeugnissen und Bilddokumenten*. Hamburg: Rowohlt, 1966, p. 38.

[5] KA-I, p. CLXX.

[6] BEHLER, Ernst, op. cit., p. 35.

história natural completa do belo e da arte".[7] O problema que se colocava era o de como conciliar essa formação natural dos antigos com a formação artificial e progressiva dos modernos. É principalmente com esse objetivo que o texto é escrito: encontrar para a poesia (literatura) dos modernos a mesma solução que Winckelmann havia encontrado para a arte dos antigos, a saber, descrever não apenas sua trajetória histórica e as fases de sua realização, mas deduzir dessa história as características e problemas presentes, assim como a trajetória futura da literatura. Além de explicar cada um dos sistemas da arte, o natural e o progressivo de acordo com as leis de sua própria história, o ensaio *Sobre o estudo da poesia grega* busca conciliar esses dois sistemas em uma forma futura de literatura intitulada de poesia romântica, universal, progressiva. Como afirma em seu texto, para o crítico alemão a poesia moderna (ou romântica) já havia percorrido dois períodos, o primeiro surge com Dante Alighieri, considerado o pai e fundador da poesia romântica, o segundo pertence à época de Shakespeare e Cervantes. A época de Schlegel representa o início do terceiro período, cuja literatura é caracterizada pela manifestação do subjetivo, do reflexivo e da problematização da arte inserida na própria arte.[8] O crítico resume essas características com o termo "interessante", o qual contrapõe a "objetivo", que utiliza para descrever a poesia dos antigos. Há certo paralelo entre os conceitos de Schlegel e os termos "ingênuo" e "sentimental" de Schiller. Mas, enquanto Schlegel acredita que o interessante é apenas uma crise passageira de gosto, Schiller afirma que a poesia sentimental é ao mesmo tempo condição essencial e impedimento de se alcançar o ideal poético.[9]

Para Schlegel, o problema era que na formação estética moderna predominava o individual, o característico e filosófico em

[7] KA-I, p. LXXIX.

[8] KA-I, p. 357.

[9] Por razões de economia não discutiremos aqui a aproximação entre os escritos de Schlegel e Schiller. Para tal estudo, ver: MEDEIROS, Constantino Luz. *A invenção da modernidade literária. Friedrich Schlegel e o romantismo alemão.* São Paulo: Iluminuras, 2018.

todo o seu conjunto.[10] Suas manifestações perdiam-se no caos de figuras desordenadas e sem coesão interna. Como essa literatura poderia alcançar o que o crítico denominava de objetividade, ou seja, "a expressão mais adequada para a relação regular entre o universal e o individual na representação livre"?[11]

Em busca de responder a tais questões, no ano de 1795, com apenas vinte e três anos, o jovem romântico chega então à surpreendente conclusão de que era preciso encontrar o segredo grego de permanecer objetivo mesmo tratando de matéria individual. Para Schlegel, a poesia de seu tempo representava apenas uma crise passageira do gosto, sendo necessário encontrar uma solução para que essa literatura pudesse alcançar a mesma universalidade que aquela havia alcançado. O método utilizado pelo crítico — estudar a história da literatura em seu conjunto de modo a deduzir as leis de sua progressão — é anunciado em termos de uma dialética entre o passado e o presente: "foi a situação da formação estética da época atual que exigiu que observássemos todo o passado".[12]

É a partir da aproximação recíproca entre o antigo e o moderno que Schlegel deduz os fundamentos, a dialética histórica, os problemas centrais e, principalmente, a direção que a poesia — entendida em um sentido mais amplo, como literatura, bela arte, e toda representação artística do belo — deve tomar se quiser alcançar o que, para o pensador, havia sido tão característico dos gregos: a objetividade. Ao reconfigurar os discursos da teoria, da crítica e da história da literatura a partir da compreensão histórica e sistêmica da arte literária e das premissas gestadas a partir dos estudos clássicos de Schlegel, o primeiro romantismo alemão inaugura, de certo modo, o que se conhece por modernidade literária.[13] Na verdade, a revolução estética que ocorre entre os anos de 1795 e 1801, na pequena cidade universitária de Iena, coloca-se em uma linha de pensamento que se inicia ainda na

[10] KA-I, p. 241.
[11] KA-I, p. 302.
[12] KA-I, p. 356.
[13] Sobre esse assunto, ver: MEDEIROS, Constantino Luz, op. cit.

primeira metade do século XVIII, quando teóricos como Johann Elias Schlegel, Christian Gellert e os suíços Jakob Bodmer e Jakob Breitinger, entre outros, se esforçavam para justificar a representação do maravilhoso em John Milton contra a crítica dogmática e afrancesada de Johann Christoph Gottsched.

Desde a época em que Winckelmann redescobriu e elevou a Antiguidade grega ao grau máximo, na qual Herder enfatizou a importância da observação histórica no conhecimento da singularidade dos povos, e quando Lessing fundamentou a especifidade de cada arte de acordo com o meio e o objeto específico, até as reflexões de Schlegel e dos jovens do primeiro romantismo muito se passou em termos de liberdade crítica, de criação literária e de compreensão filológica e histórica das épocas da literatura. Mas essa concepção panorâmica das épocas da arte somente foi possível pela herança estabelecida pelos estudos desses pensadores que antecederam a geração romântica de Iena. Winckelmann, em suas *Reflexões sobre a imitação das obras gregas na pintura e na escultura* (1756) havia contemplado a história da arte antiga como um todo perfeito e acabado, demonstrando que se os modernos quisessem alcançar qualquer tipo de perfeição deveriam imitar os antigos. Schlegel, não via nos modernos tal elevado grau de imperfeição como pode parecer a leitura inicial do ensaio. Ao contrário, esse estudo é também uma apologia da literatura de seu tempo, como quando afirma que "todo produto do gênio moderno, mesmo o mais excêntrico, é um autêntico avanço".[14] Do mesmo modo, em suas *Conferências sobre literatura bela e arte*, realizadas em Berlim, em 1801, e publicadas com o título de *Kunstlehr* [Doutrina da arte], August Wilhelm afirma que aquilo que até então se considerava "a esfera inteira da arte era apenas uma única metade".[15] O que Winckelmann contemplava enquanto o conjunto completo era, na verdade, apenas metade da história da

[14] KA-I, p. 354.

[15] SCHLEGEL, August Wilhelm. *Doutrina da arte*. Marco Aurélio Werle (Trad.). São Paulo: Edusp, 2015, p. 37.

literatura, faltava dar regras à outra metade. É sobretudo em busca das regras para essa metade moderna da história da literatura que se insere o ensaio *Sobre o estudo da poesia grega.*

Assim, Schlegel se esforça por compreender e encontrar soluções para a literatura de seu tempo, ao mesmo tempo em que lança as bases de uma nova forma de se fazer história e crítica de literatura. Segundo o estudioso, somente a partir do conhecimento das leis necessárias da formação artística é que se poderia descobrir a solução para o que considerava como um caos de representações subjetivas da literatura de seu tempo. Se a poesia objetiva dos antigos havia alcançado o grau máximo de perfeição e atravessado todas as fases de sua formação natural — compreendida de acordo com o paradigma orgânico de nascimento, desenvolvimento, auge e declínio — a poesia (literatura) dos modernos apenas aproxima-se, cada vez mais, a um grau elevado de perfeição. A noção de aproximação infinita a um ideal de perfeição através do aperfeiçoamento contínuo é uma das características centrais da arte entre os modernos, sendo herança dos escritos de Kant e Fichte, assim como do próprio *Zeitgeist* iluminista e sua profunda crença no aperfeiçoamento infinito do homem. Além disso, Schlegel demonstra que a representação *objetiva* da arte entre antigos, assim como a representação reflexiva (interessante) dos modernos, tem relação direta com as transformações sociais, políticas, culturais e artísticas, tratadas pelo crítico com o termo *formação* [*Bildung*]. O escrito de Schlegel integra o panorama crítico-literário do século XVIII alemão, sendo também a resposta germânica à *Querelle des anciens et des modernes* e, ao mesmo tempo, o fundamento essencial da reconfiguração dos discursos sobre literatura no âmbito do primeiro romantismo alemão.

Nesse sentido, *Sobre o estudo da poesia grega* deve ser compreendido no contexto da passagem da crítica dogmática do juiz de arte, o *Kunstrichter,* ainda vigente ao final do século, para o estudo filológico, crítico, filosófico e histórico da arte. Em um dos trechos do ensaio, Schlegel afirma que um dos méritos de seu texto é a tentativa de apaziguar o conflito entre a formação antiga e a moderna. O fato de que não se poderia mais comparar o sistema circular da formação natural dos antigos com o sistema progressivo da formação artificial dos modernos dissipa qualquer possibilidade de conflito entre antigos e modernos. Ainda que seja uma resposta à famosa *Querelle des anciens et des modernes*, como demonstrou Hans Robert Jauss, o texto de Schlegel vai além dessa questão.[16] O que move Schlegel é o desejo de encontrar soluções para a literatura de seu tempo. Como foi dito, outro aspecto importante envolvendo o escrito *Sobre o estudo da poesia grega* é sua aproximação ao escrito de Schiller *Poesia ingênua e poesia sentimental*. Embora o texto de Schiller o tenha auxiliado a expandir seus horizontes críticos, isso não o influenciou diretamente na escrita de *Sobre o estudo da poesia grega*, pois o mesmo já havia sido entregue para impressão, como o próprio jovem romântico afirma em seu prólogo:

> O ensaio de Schiller sobre os poetas sentimentais, além de ter ampliado minha visão sobre o caráter da poesia interessante, também me deu uma nova luz sobre os limites do domínio da poesia clássica. Se o tivesse lido antes que este escrito fosse enviado para impressão, especialmente o trecho sobre a origem e a artificialidade originária da poesia moderna teria ficado bem menos imperfeito.[17]

De acordo com Wilhelm Dilthey, a principal diferença entre os escritos de Schiller e de Schlegel encontra-se no fato de que o primeiro teria uma ênfase mais filosófica, enquanto o segundo apontaria para uma consciência histórica mais profunda.[18] Outros críticos demonstram certa tendência em conceber o escrito de Schiller como a principal influência na concepção filosófica-histórica romântica.[19]

[16] Cf. JAUSS, Hans Robert. "Schlegels und Schiller Replik auf die Querelle des Anciens et des Modernes". In: *Literaturgeschichte als Provokation*. Frankfurt am Main: Suhrkamp, 1974.

[17] SCHLEGEL, Friedrich. "Vorrede", 1797. In: KA-I, p. 207.

[18] DILTHEY, Wilhelm. Apud BEHLER, Ernst. KA-I, p. CLXXIII.

[19] A recepção crítica do primeiro romantismo tem se afastado da visão radical que contrapõe o classicismo de Weimar (Goethe e Schiller) aos românticos de Iena. Sobre a aproximação

Os escritos de Schlegel sobre a Antiguidade clássica têm um papel central não apenas em sua carreira de crítico, mas como fundamento de suas concepções literárias. De fato, a partir dessa época de Dresden, o antigo e o moderno se mesclam em suas criações e em seus conceitos. As revistas que os românticos de Iena publicam retiram seu nome da Antiguidade (*Lyceum, Athenäum*). A própria escrita em fragmentos, forma literária tão cara ao primeiro romantismo alemão, tem como sua base a tradição do aforismo, da máxima e dos fragmentos gregos. A noção de que o crítico de literatura deve abandonar a exegese dogmática e realizar um complemento da obra é inspirada nos antigos gramáticos de Alexandria. Dos antigos *kritikoi* ou *diaskeuastas*, Schlegel deduz o termo *diaskeuase*, com o significado da reposição infinita de um texto. A ironia romântica de Schlegel — um dos aspectos mais interessantes teorizados pelo romântico alemão — tem como núcleo central a ideia de que há um movimento, uma irrupção, um súbito emergir no texto de uma instância crítica que problematiza a própria obra, que reflete sobre a existência ou simplesmente *desconstrói* o sentido pleno e seguro do texto. Como o antigo coro da comédia grega no movimento da parábase, a ironia romântica é um movimento singular de problematização ou de autocrítica. Por essa razão, o crítico afirma que a ironia é parábase permanente.[20] Todos esses elementos apontam para a importância do antigo e do moderno nos escritos e teorias de Schlegel.

O estabelecimento dos fundamentos da poesia moderna através da história de sua formação era o intuito principal do jovem romântico. Isso fica claro em carta escrita ainda em fevereiro de 1794 ao irmão August Wilhelm. Ali, Schlegel afirma que o principal problema da poesia dos modernos era a unificação [*Vereinigung*]

entre esses dois textos, ver: MEDEIROS, Constantino Luz, op. cit. Para um trabalho atual sobre o romantismo de Iena e sua aproximação recíproca a Goethe e Schiller, ver: MESSLIN, Dorit. *Antike und Moderne. Friedrich Schlegels Poetik, Philosophie und Lebenskunst.* Berlim: Walter de Gruyter, 2011.

[20] SCHLEGEL, Friedrich. "Zur Philosophie. Philosophische Lehrjahre", 1796-1828. In: KA-XVIII, p. 85, fragmento [668].

do essencialmente antigo com o essencialmente moderno.[21] Essa unificação paradoxal entre a objetividade e universalidade dos antigos e o caráter reflexivo e subjetivo dos modernos deveria ser realizada em uma forma futura de concretização poética, para a qual a literatura *interessante* de seu tempo apenas apontava.

O ensaio *Sobre o estudo da poesia grega* tem entre seus objetivos demonstrar a trajetória histórica da formação da arte, descrever suas leis e encontrar o ponto de confluência entre o antigo e o moderno, de modo a incitar o que o crítico chamava de revolução estética.[22] Uma revolução capaz de alterar a forma como se pensava a história, a crítica e a teoria da literatura, demonstrando que a diferença entre o clássico e o progressivo é de origem histórica.[23] Ao utilizar a história da poesia grega como categoria ou instrumento de compreensão literária, o ensaio de Schlegel aponta para o fato de que a história da arte antiga contém e revela os graus e as possibilidades da arte, sendo uma importante referência e modelo não apenas para a compreensão das épocas, mas para o próprio estudo da literatura moderna.

À memória da germanista
Izabela Maria Furtado Kestler (1959-2009).

Belo Horizonte, janeiro de 2018

[21] SCHLEGEL, Friedrich. "Bis zur Begründung der Romantischen Schule", 1788-1797. In: KA- XXIII, p. 185.

[22] KA-I, p. 269.

[23] SCHLEGEL, Friedrich. *Fragmentos sobre poesia e literatura (1797-803) seguido de Conversa sobre a poesia*. Constantino Luz de Medeiros e Márcio Suzuki (Trads.). São Paulo: Editora Unesp, 2016, p. 9, fragmento [1].

REFERÊNCIAS BIBLIOGRÁFICAS

ABBAGNANO, Nicola. *Dicionário de Filosofia.* Alfredo Bosi (Trad.). São Paulo: Martins Fontes, 2007.

AMSTRONG, Charles I. *Romantic Organicism. From Idealist Origins to Ambivalent Afterlife.* Nova York: Palgrave Macmillan, 2003.

ARISTÓTELES. *Poética.* Eudoro de Sousa (Trad.). Lisboa: Imprensa Nacional/ Casa da Moeda, 1986.

AUERBACH, Erich. *Mimesis. A representação da realidade na literatura ocidental.* São Paulo: Perspectiva, 2004.

BEHLER, Ernst. *Friedrich Schlegel mit Selbstzeugnissen und Bilddokumenten.* Hamburgo: Rowohlt, 1966.

CURTIUS, Ernst Robert. "Friedrich Schlegel und Frankreich". In: CURTIUS, E. R. *Kritische Essays zur Europäische Literatur.* Berna: A. Francke Verlag, 1950.

EICHNER, Hans. *Romantic and its Cognates. The European History of a Word.* Manchester: Manchester University Press, 1972.

FICHTE, Johann Gottlieb. "Die Bestimmung des Menschen", 1800. In: *Fichtes Werke.* Band II. Berlim: Walter de Gruyter, 1971.

____________. *O destino do erudito.* Ricardo Barbosa (Trad.). São Paulo: Hedra, 2014.

HOMERO. *Odisseia.* Jaime Bruna (Trad.). São Paulo: Cultrix, 2006.

JAUSS, Hans Robert. "Schlegels und Schiller Replik auf die Querelle des Anciens et des Modernes". In: *Literaturgeschichte als Provokation.* Frankfurt am Main: Suhrkamp, 1974.

KANT, Immanuel. *Crítica da faculdade do juízo.* Valerio Rohden e António Marques (Trads.). Rio de Janeiro: Editora Forense Universitária, 2008.

KESTLER, Izabela Maria. "História e filosofia da história na obra do jovem Friedrich Schlegel". *Kriterion.* Belo Horizonte, 2008.

LESSING, Gotthold Ephraim Lessing. *Laocoonte ou sobre as fronteiras da pintura e da poesia.* Márcio Seligmann-Silva (Trad.). São Paulo: Iluminuras, 2011.

MEDEIROS, Constantino Luz. *A invenção da modernidade literária. Friedrich Schlegel e o romantismo alemão.* São Paulo: Iluminuras, 2018.

MESSLIN, Dorit. *Antike und Moderne. Friedrich Schlegels Poetik, Philosophie und Lebenskunst.* Berlim: Walter de Gruyter, 2011.

MOISÉS, Massaud. *Dicionário de termos literários.* São Paulo: Cultrix, 2004.

SCHILLER, Friedrich. *Poesia ingênua e sentimental.* Márcio Suzuki (Trad. e estudo). São Paulo: Iluminuras, 1991

SCHLEGEL, August Wilhelm. *Doutrina da arte*. Marco Aurélio Werle (Trad.). São Paulo: Edusp, 2015.

SCHLEGEL, Friedrich. "Über das Studium der Griechischen Poesie". In: *Kritische Friedrich Schlegel Ausgabe*, v. I. Paderborn: Ferdinand Schöningh, 1967.

__________. "Bis zur Begründung der romantischen Schule", 1788-1797. In: *Kritische Friedrich Schlegel Ausgabe*. Paderborn: Ferdinand Schöningh, 1987.

__________. *O dialeto dos fragmentos*. Tradução, introdução e notas de Márcio Suzuki Trad., introd. e notas.). São Paulo: Iluminuras, 1997.

__________. *Relato sobre as obras poéticas de Giovanni Boccaccio*. Constantino Luz de Medeiros Trad., introd., estudo e notas.). São Paulo: Humanitas/FFLCH-USP, 2015.

__________. *Fragmentos sobre poesia e literatura (1797-1803) seguido de conversa sobre poesia*. Constantino Luz de Medeiros e Márcio Suzuki (Trad.). São Paulo: Editora Unesp, 2016.

__________. "Sobre o valor estético da comédia grega". Constantino Luz de Medeiros (Trad.). *Em Tese*. Belo Horizonte, v. 22, n. 2, maio-ago., 2016, pp. 125-133.

SILVA, Arlenice Almeida da. "O *interessante* em Friedrich Schlegel". *Trans--Form-Ação*, Marília, 2011,v. 34, pp. 75-94.

VICO, Giambattista. *Ciência nova*. Jorge Vaz de Carvalho (Trad.). Lisboa: Fundação Calouste Gulbenkian, 2005.

VIEWEG, Klaus. *Friedrich Schlegel und Friedrich Nietzsche. Transzendental Poesie oder Dichtkunst mit Begriffen*. Paderborn: Ferdinand Schöningh, 2009.

WICKELMANN, Johann Joachim. *Geschichte der Kunst des Altertums*. Wien: Phaidon Verlag, 1934.

__________. *Gedanken über die Nachahmung der Griechische Werke in der Malerei und Bildhauerkunst*. Stuttgart: Philipp Reclam, jun. 1985.

SOBRE O ESTUDO DA POESIA GREGA

PREFÁCIO (1797)

Uma história da poesia grega em toda a sua extensão inclui também a história da oratória e da arte histórica. A história verídica de Tucídides, de acordo com o juízo acertado de um conhecedor grego, é ao mesmo tempo um belo poema; e embora nos discursos de Demóstenes e nos diálogos socráticos a imaginação poética esteja limitada por um fim específico do entendimento, ainda assim não se encontra despojada de toda liberdade, nem está dispensada do dever de jogar de uma forma bela: pois o belo deve ser, e todo discurso cuja fim principal ou secundário seja o belo é inteira ou parcialmente poesia. Além disso, a história da poesia grega abarca também a história da poesia romana, cujas imitações com frequência precisam nos compensar da perda das obras originais.

A história da crítica grega e os fragmentos que possam ser encontrados para a história da música e da mímica lhe são tão indispensáveis quanto o conhecimento de toda a mitologia e da língua grega, em todas as suas ramificações e segundo transformações. Nas profundezas ocultas da história dos costumes e dos Estados é que muitas vezes pode ser encontrado aquilo através do qual uma contradição pode ser resolvida, uma lacuna da história da arte preenchida, os fragmentos dispersos organizados e os enigmas aparentes esclarecidos: pois a arte, os costumes e Estados gregos estão tão intimamente entrelaçados, que seu conhecimento não se deixa separar. E em geral, a cultura grega é um todo no qual é impossível reconhecer corretamente uma parte isolada de forma fragmentária.

As incomensuráveis dificuldades relacionadas às partes isoladas e talvez minúsculas desse todo, é algo sobre o qual posso silenciar. Todos os conhecedores sabem quanto tempo e esforço frequentemente custa apenas para corrigir uma data incorreta, esclarecer um ramo secundário da mitologia, ou tratar todos os fragmentos coletados, mesmo que seja de um único poeta, até a maturidade.

Todavia, uma história completa da poesia grega não beneficiaria apenas o erudito, tão pouco serviria apenas para que o historiador pudesse preencher uma importante lacuna na história da humanidade. Ela me parece ao mesmo tempo uma condição essencial para o aperfeiçoamento do gosto e da arte alemãs, os quais não ocupam um lugar insignificante em nossa participação na cultura europeia.

Talvez o primeiro ensaio trate mais do moderno do que promete ou parece permitir o título dessa coleção.[1] Entretanto, somente após realizar uma caracterização [*Charakteristik*] da poesia moderna que não seja inteiramente incompleta é que se pode determinar a relação entre a poesia antiga e a moderna, assim como o objetivo do estudo da poesia clássica em geral, e de nossa época em particular.

Este ensaio *Sobre o estudo da poesia grega* é apenas um convite para investigar a poesia antiga de um modo mais sério do que o realizado até agora; uma *tentativa*[2] (cujas falhas ninguém pode conhecer de maneira mais viva do que eu) de dirimir a longa querela entre os partidários unilaterais dos poetas antigos e dos modernos no âmbito do belo, restabelecendo, através de uma clara determinação dos limites, a concórdia entre a formação natural e

[1] Como foi dito, o título da coleção à que se refere Friedrich Schlegel é *Die Griechen und Römer. Historische und Kritische Versuch über das klassische Altertum* [Os gregos e romanos. Ensaio histórico e crítico sobre a Antiguidade clássica], publicado no ano de 1797.

[2] Schlegel usa a palavra *Versuch*, que em alemão significa tanto *tentativa* quanto *ensaio*. (Todos os itálicos são de Schlegel.)

a artificial; uma tentativa de demonstrar que o estudo da poesia grega é e sempre será não apenas uma paixão perdoável, mas um dever necessário de todos os aficionados que abracem o belo com verdadeiro amor; de todos os conhecedores (de arte) que queiram julgar de forma universalmente válida; de todos os pensadores que procurem determinar inteiramente as leis puras da beleza e a natureza eterna da arte.

Peço que não se examine a breve caracterização da poesia grega neste ensaio sem antes compará-la com o *Compêndio de uma história da poesia grega*, o qual fará parte do segundo volume dessa coletânea.[3] Ele contém as referências, detalhes e uma explicação mais pormenorizada dos juízos emitidos aqui.

Os amigos da poesia moderna não interpretarão de forma equivocada a introdução do ensaio *Sobre o estudo da poesia grega* como meu juízo final sobre a poesia moderna, e ao menos não se precipitarão afirmando que meu gosto é parcial. Minha opinião em relação à poesia moderna é sincera; desde a juventude tenho apreciado diversos poetas modernos, estudado muitos e acredito conhecer alguns. Pensadores experientes adivinharão facilmente porque precisei escolher esse ponto de vista.

Se há leis puras da beleza e da arte, então elas devem vigorar sem exceção. Mas, quando se tomam essas leis puras como critério de análise da poesia moderna, *sem levar em consideração os pormenores e sem princípio de orientação de sua aplicação*, o juízo não pode ser outro do que considerar que a poesia moderna — que contradiz quase inteiramente aquelas leis puras — não possui absolutamente nenhum valor. Ela não reivindica nem ao menos a objetividade, a qual, afinal de contas, é a primeira condição do valor estético puro e incondicionado, e seu ideal é o *interessante*, isto é, a força estética subjetiva.[4] Um juízo contradito sonoramente

[3] Trata-se de *Grundriß einer Geschichte der Griechischen Poesie*. Schlegel não chegou a escrever essa obra.

[4] Para diferenciar de sua utilização como adjetivo, optamos por grafar a palavra *interessante* em itálico. O conceito de *interessante* em Schlegel significa, entre outras coisas, o que remete às considerações filosóficas, reflexivas, ao âmbito do complexo e subjetivo

pelo sentimento! Já se ganha muito quando não se nega essa contradição. Esse é o caminho mais curto para descobrir o verdadeiro caráter da poesia moderna, explicar a necessidade de uma poesia clássica, e, finalmente, ser surpreendido e recompensado com uma brilhante apologia dos modernos.

Se algo pode desculpar a imperfeição deste ensaio, é a íntima ação recíproca entre a história da humanidade e a filosofia prática, tanto no todo quanto nas partes isoladas. Em ambas as ciências há ainda territórios incomensuráveis por *desbravar*. Qualquer que seja o lado do qual se parta, aparecerão lacunas que só podem ser preenchidas a partir do outro lado. Além disso, considerados em seu conjunto, os âmbitos da poesia antiga e moderna são tão grandes que dificilmente se pode estar familiarizado com cada um ao mesmo tempo, de modo que é impossível ser um especialista em todos esses campos. Apenas quando as primeiras linhas fundamentais e os contornos mais extremos estiverem corretamente delineados é que qualquer conhecedor de arte que não seja incapaz de uma visão geral do conjunto, e que conheça bem mesmo que uma pequena parte de todo esse âmbito, poderá então, de sua parte, contribuir para a determinação pormenorizada e para a execução posterior.

O ensaio de Schiller, "Sobre os poetas sentimentais",[5] além de ter ampliado minha visão sobre o caráter da poesia *interessante*, também me deu uma nova luz sobre os limites do domínio da poesia clássica. Se o tivesse lido antes que este escrito fosse enviado para impressão, especialmente o trecho sobre a origem e a artificialidade originária da poesia moderna teria ficado bem menos imperfeito.

mundo dos modernos. Sobre o conceito de *interessante* em Schlegel: MEDEIROS, Constantino Luz. *A invenção da modernidade literária: Friedrich Schlegel e o romantismo alemão.* São Paulo: Iluminuras, 2018, p. 26. Ver também: SILVA, Arlenice Almeida da. "O *Interessante* em Friedrich Schlegel". *Trans-Form-Ação*, Marília,v. 34, pp. 75-94.

[5] No n. 12 da revista *As Horas* [Die Horen], de 1795. Há também algo no ensaio de n. 11, de 1796. Aqui não é o lugar para examinar a divisão entre a poesia ingênua e sentimental, a aplicação de tal divisão à poesia antiga e moderna, e a objetividade dos juízos interessantes do autor. (Nota de Schlegel.)

Julga-se de modo incorreto e unilateral quando se aprecia os últimos poetas da arte antiga, como tem sido feito até agora, apenas pelos fundamentos da poesia objetiva. A formação estética natural e a formação estética artificial se interpenetram, e os (poetas) tardios da poesia antiga são ao mesmo tempo os precursores da poesia moderna.[6] Ainda que os poetas bucólicos da *escola siciliana*[7] imitem fielmente a natureza bruta, o retorno da arte corrompida à natureza perdida é o germe da poesia sentimental. Do mesmo modo, nos idílios gregos o que se representa nem sempre é o natural, mas o *ingênuo*, isto é, o natural em contraste com o artificial, o qual apenas o poeta sentimental pode realizar. Quanto mais os poetas idílicos romanos se distanciam da imitação fiel da natureza bruta, aproximando-se da representação de uma Idade de Ouro da inocência, menos eles são antigos e mais modernos. As *sátiras de Horácio* são em verdade como as de Lucílio: visões e manifestações poéticas da urbanidade romana; da mesma forma, os mimos dóricos e os diálogos socráticos representam a urbanidade dórica e socrática. Mas algumas odes e alguns epodos romanos de Horácio (e não os piores!) são sátiras sentimentais, as quais representam o contraste entre a realidade e o ideal. Degenerada de seu caráter original, o tom sentimental da sátira romana tardia é inconfundível, assim como o de Tácito e Luciano, de acordo com a observação acertada de Schiller. As elegias dos triúnviros[8] romanos são líricas e não sentimentais. Mesmo nos poemas mais encantadores de *Propércio*, nos quais até mesmo a matéria e o espírito são originalmente romanos não se encontra nenhum vestígio de referência à relação entre o real e o ideal, que é o

[6] "Homero e Sófocles são tão únicos entre os antigos como Dante e Shakespeare entre os modernos. Aristófanes, Píndaro e Ésquilo pertencem aos médios, assim como entre os modernos Boccaccio, Cervantes, Guarini, Petrarca.".SCHLEGEL, Friedrich. *Fragmentos sobre poesia e literatura (1797-1803) seguido de conversa sobre poesia*, op. cit., p. 435.

[7] A *escola siciliana* a que se refere Schlegel é a denominação do grupo de poetas da Sicilia, Toscana e do Sul da Itália, reunidos sob a proteção de Frederico II (1194-1250). A escola é descrita por Dante Alighieri em sua obra *De vulgari eloquentia*.

[8] Magistrados romanos incumbidos da administração pública.

traço característico da poesia sentimental. Apesar disso, em todos, sobretudo em *Tibúlio*, assim como nos idílios gregos, se encontra uma nostalgia [*Sehnsucht*] da natureza bucólica e simples, a qual se deve ao cansaço da cultura citadina degenerada.

É extremamente surpreendente o fato de que os (poetas) *eróticos gregos* sejam inteiramente modernos na organização do todo, no colorido da representação, na maneira [*Manier*] das alegorias e mesmo na construção dos períodos.[9] Seu princípio fundamental não é um aspirar por matéria indeterminada e pela vida em sua mera generalidade, mas, assim como em Opiano e, mesmo muito antes, nos poemas de Sótades, um interesse subjetivo por uma forma de vida específica, por uma matéria individual. Compare-se, por exemplo, o Aquiles Tácio com a novela italiana ou espanhola mais medíocre.[10] Após separar o que for nacional e ocasional se ficará surpreso com a mais perfeita semelhança.

Para mim foi curioso e ratificador o fato de que na caracterização oportuna de Schiller sobre as três espécies de poesia sentimental se pressuponha implicitamente ou se insinue explicitamente a característica de um *interesse* pela *realidade* do ideal e pelo conceito de cada uma (dessas espécies de poesia).[11]

Todavia, a poesia objetiva não conhece nenhum interesse, e não tem pretensão à realidade.[12] Ela aspira apenas a um *jogo* que seja tão digno como a mais sagrada seriedade, a uma aparência que seja tão universalmente válida e legisladora como a mais

[9] Vertemos *Stil* e *Manier* por estilo e maneira. Distinguimos, assim, a completude da poesia dos antigos (estilo) e a falta de unidade formal da poesia dos modernos (maneira). Como afirma Márcio Suzuki, o termo *Manier*, "maneira", indica para Schlegel um traço importante da poesia dos modernos que é a ausência de unidade formal encontrada no estilo. Cf. SCHLEGEL, Friedrich. *O dialeto dos fragmentos.* de Márcio Suzuki (Trad., introd. e notas.). São Paulo: Iluminuras, 1997, p. 175, nota 58.

[10] Schlegel se refere ao romance erótico *As aventuras de Leucipe e Clitofon,* de Aquiles Tácio, poeta alexandrino do século II d.C.

[11] Sobre essas três espécies de poesia sentimental de que trata Schlegel, ver: SCHILLER, Friedrich. *Poesia ingênua e sentimental.* de Márcio Suzuki (Trad. e estudo.). São Paulo: Iluminuras, 1991.

[12] Por "conhecer interesse" Schlegel se refere ao âmbito do *interessante* citado anteriormente.

absoluta verdade. Exatamente por isso, a ilusão, que a poesia *interessante* necessita, e a verdade técnica, que é uma lei da poesia bela são inteiramente distintas. É preciso acreditar, ao menos por um momento, na Idade de Ouro, no paraíso na Terra, para que o idílio sentimental possa encantar. Mas, tão logo se perceba que o satírico sentimental apenas sonha sombriamente com essa crença ou a difama, por mais ímpeto poético que tenha, ele apenas poderá entreter, mas não mais cativar e entusiasmar.

É extremamente importante não ignorar esse traço característico da poesia *interessante*, porque senão corre-se o risco de confundir o sentimental com o lírico. Nem toda exteriorização poética da aspiração pelo infinito é sentimental, mas apenas aquela que esteja vinculada à reflexão sobre a relação entre o ideal e o real. Nenhuma beleza lírica perfeita é possível se a aspiração pura e indeterminada pelo infinito, livre de todo objeto individual, não continuar sendo a disposição dominante do ânimo entre todas as alterações do sentimento, como nos fragmentos de Safo, Alceo, Baquílides e Simonides, nos poemas de Píndaro, e na maior parte das odes de Horácio, inspiradas em obras gregas, as quais não são sentimentais mas líricas. A aspiração universal por limitação interior e exterior, que diferencia de forma tão característica a época da origem do republicanismo grego e da poesia lírica dos gregos foi a primeira expressão da faculdade desperta de infinito.[13] Apenas através dela é que a disposição lírica se transformou em arte lírica, a qual não se pode negar a Calino, Tirteu, Arquíloco, Mimnermo e Sólon, mesmo que em seus fragmentos não se possa encontrar aquela disposição sublime e a beleza elevada. Nem toda representação poética do absoluto é sentimental. Em todo o âmbito da poesia clássica a representação do admirável Sófocles é absoluta. Mas, o absoluto também é representado, por exemplo, em Ésquilo e Aristófanes. Aquele, embora não alcance seu ideal,

[13] A remissão à faculdade desperta de infinito, em alemão *erwachten Vermögens des Unendlichen* será retomado na obra *Conversa sobre a poesia*, especialmente quando Schlegel aborda a questão da nova mitologia. Cf. SCHLEGEL, Friedrich. *Fragmentos sobre poesia e literatura seguido de conversa sobre a poesia*, op. cit.

oferece uma imagem viva de unidade infinita; este, uma imagem viva de plenitude infinita. Os traços característicos da poesia sentimental são o interesse na realidade do ideal, a reflexão sobre a relação do ideal e do real e a referência a um objeto individual da imaginação idealizadora do sujeito poetizante.[14] Apenas através do característico, isto é, da representação do individual é que a disposição sentimental se transforma em poesia. O âmbito da poesia *interessante* não se esgota de forma alguma com as três espécies de poesia sentimental; e, segundo a relação do sentimental e do característico [*Charakteristischen*], é possível ocorrer algo análogo ao estilo também na poesia sentimental.

Mas, de acordo com a opinião da maioria dos filósofos, um traço característico do belo é que a complacência [*Wohlgefallen*] no mesmo seja desinteressada;[15] e quem simplesmente reconhece que o conceito de belo é prática e especificamente diferente não pode negá-lo, ainda que o coloque como problemático e deixe sua validade e utilização em suspenso. Desse modo, o belo não é o ideal da poesia moderna, sendo essencialmente diferente do interessante.

Em todo a esfera das ciências estéticas a dedução do *interessante* é talvez a tarefa mais difícil e complicada. À justificação do *interessante* deve preceder a explicação de sua origem e causa. Depois que a formação natural e perfeita dos antigos decaiu de forma decisiva, degenerando-se sem salvação em razão da perda da realidade finita e da desorganização da forma perfeita, produziu-se então uma aspiração por realidade infinita, o qual logo se transformou no tom geral da época. Um mesmo princípio produziu os excessos colossais dos romanos — após ver frustrada sua esperança no mundo sensual — e o estranho fenômeno da filosofia

[14] Em alemão: *dichtenden Subjektes.*

[15] Schlegel remete à *Crítica da faculdade do juízo,* de Immanuel Kant, na qual se lê: "Gosto é a faculdade de ajuizamento de um objeto ou de um modo de representação mediante uma complacência ou descomplacência *independente* de todo interesse. O objeto de tal complacência chama-se *belo*". KANT, Immanuel. *Crítica da faculdade do juízo.* Valerio Rohden e António Marques (Trads.). Rio de Janeiro: Editora Forense Universitária, 2008, p. 55. (Itálico de Kant.)

neoplatônica; (produziu) a tendência geral daquela época curiosa, na qual o espírito humano parecia perdido na vertigem de uma religião universal e metafísica. O momento decisivo da história moral dos romanos não passou desapercebido aos historiadores perspicazes, quando se perdeu inteiramente o sentido para a bela aparência e para os jogos morais, e (quando) o gênero humano decaiu na realidade nua e crua. É possível então demonstrar que mesmo a mais feliz formação natural, a qual deve ser limitada de acordo com a capacidade de aperfeiçoamento e duração, não pode satisfazer completamente o imperativo estético; e que a formação estética artificial somente pode suceder a formação natural após a completa dissolução desta e há de se iniciar onde ela acabar, ou seja, com o interessante; (a formação artificial) deve atravessar diversas etapas antes de poder alcançar o *objetivo*[16] e o belo, segundo as leis de uma teoria objetiva e o exemplo da poesia clássica; assim, fica também demonstrado que o *interessante* é esteticamente permitido como preparação necessária para a perfectibilidade infinita da disposição estética. Pois o imperativo estético é absoluto, e como jamais poderá ser concretizado completamente ele precisa ao menos ser alcançado cada vez mais, através da aproximação infinita [endlose Annäherung] da formação artificial.[17] Segundo essa dedução, a qual fundamenta uma ciência própria, a *Poética aplicada*, o *interessante* é o que tem valor estético provisório.[18] É verdade que o *interessante* possui também necessariamente conteúdo intelectual ou moral, mas duvido que possua também valor. O bom, o verdadeiro deve ser realizado, reconhecido, não apresentado e sentido. Não tenho muita consideração por um

[16] A fim de ressaltar a diferença, em Schlegel, do termo *objetivo* enquanto "representação universal da experiência individual ou de matéria histórica", entre outras acepções, a presente tradução utiliza o itálico. Quando se refere ao termo "objetivo" enquanto "meta", "fim", "finalidade", a palavra vem grafada normalmente, sem itálico.

[17] Utilizando os conceitos de perfectibilidade infinita, aproximação recíproca, aproximação infinita, advindos sobretudo da filosofia de Johann Gottlieb Fichte, Schlegel busca uma solução para o problema de como harmonizar os dois sistemas da arte, o sistema circular, da poesia natural [*Naturpoesie*] e o sistema progressivo, da poesia artificial [*Kunstpoesie*].

[18] Itálico de Schlegel.

conhecimento da natureza humana deduzido de Shakespeare, por uma virtude que seja haurida em *Heloísa*,[19] mesmo com toda a celebração por parte daqueles que realmente apreciam acumular motivos de recomendação a favor da poesia. Ainda assim, como um governo despótico, o *interessante* tem sempre uma validade provisória na poesia.

Por mais perigoso que seja cunhar novos termos, me pareceu e ainda me parece agora inteiramente necessário diferenciar através de um adjetivo significativo as tragédias de Sófocles e as de Shakespeare, as quais são espécies de poesia opostas em quase todos os seus traços característicos. Até mesmo a denominação *tragédia filosófica* já não me parece a mais apropriada. Talvez seria melhor chamar de objetiva a tragédia cujo conceito é deduzido *a priori* na poética pura (segundo a instrução das categorias), e cujo exemplo é fornecido pela poesia grega; a forma poética shakespeariana, ao contrário, o qual organiza um todo *interessante* absoluto a partir de partes sentimentais e características (chamaria) de *tragédia interessante*.[20] Porém, caso se queira, por excesso de consideração, e até mesmo contra o verdadeiro sentido do uso da língua, denominar de tragédia ao tipo de poesia de Corneille, Racine e Voltaire, então se poderia diferenciá-la através do uso do adjetivo *francesa*, para lembrar ao mesmo tempo de que se trata apenas de uma presunção nacional.

Após o compêndio de uma história da poesia grega deve suceder, assim que possível, uma história da tragédia ática. Ela não apenas precisará determinar precisamente o ponto mais elevado que a poesia clássica alcançou, mas também poderá esclarecer, do modo mais claro, as etapas de formação de sua história. Pois, assim como para o Sócrates platônico a verdadeira perfeição moral está mais visível na grande massa do Estado do que nos homens individuais, as leis da formação da história da arte grega — se me é permitido expressar assim — estão gravadas com letras capitais na tragédia ática.

[19] Trata-se de *Julia ou a nova Heloísa*, de Jean-Jacques Rousseau, publicada em 1761.
[20] Itálicos de Schlegel.

Uma vez determinadas as relações da poesia grega com a moderna, e com a formação grega em geral, as etapas de sua formação, suas classes, seus limites e leis de formação, então estão assinalados perfeitamente os contornos e o esboço do todo. Esta coleção incluirá posteriormente também a formação política dos povos clássicos.

SOBRE O ESTUDO DA POESIA GREGA[1]

Salta aos olhos o fato de que a poesia moderna ou ainda não alcançou o objetivo que aspira, ou essa aspiração não tem em geral um objetivo fixo; sua formação não tem nenhuma direção determinada, o conjunto de sua história não tem um contexto regular, o todo não tem unidade.[2] Ela não é decerto pobre em obras em cujo conteúdo inesgotável a admiração investigadora se perde, cuja altura gigantesca faz o olho se curvar; obras cuja força inexaurível arrasta e conquista todos os corações. Mas, a comoção mais forte e a atividade mais variada são frequentemente o (que há) de menos satisfatório. Justamente as obras mais perfeitas dos modernos, aquelas cuja força e arte provocam mais admiração, não raramente saturam o coração para depois voltar a despedaçá-lo de forma ainda mais dolorosa. Deixam na alma um espinho lancinante, e tomam mais do que dão. A satisfação só se encontra no prazer completo, no qual toda expectativa provocada é satisfeita, e até mesmo a mais ínfima inquietação se desfaz; onde todo anseio silencia. É isso o que falta à poesia de nossa época! Não a profusão de belezas isoladas e perfeitas, mas harmonia e completude, e a serenidade e satisfação que apenas delas podem surgir; uma beleza perfeita que fosse

[1] No original: *Über das Studium der Griechischen Poesie.* Publicado em 1797 por Michaelis, no volume intitulado *Die Griechen und Römer. Historische und Kritische Versuche über das klassische Altertum.* No ano de 1822, Schlegel insere o ensaio no quinto volume da edição de suas obras completas [*Sämtliche Werke*].

[2] Na edição de 1822, doravante citada como "W", Schlegel insere: "Capítulo I. Sobre a situação confusa da poesia moderna; e onde se deve buscar a tarefa da mesma. Sobre o princípio de artificialidade na origem e na história do desenvolvimento, assim como nos traços característicos da poesia moderna; sobre a direção filosófica predominante entre os modernos, principalmente na arte trágica".

completa e constante; uma Juno que não se dissolvesse em nuvens ao primeiro abraço mais fogoso.[3] A arte não estará perdida porque uma grande parte daqueles que não são apenas grosseiros, mas equivocados, que são mais malformados [*mißgebildet*] do que incultos [*ungebildet*] deixa preencher voluntariamente sua imaginação com tudo o que seja estranho ou novo, apenas para saturar, seja lá com o que for, o vazio infinito de suas almas; para fugir apenas por alguns instantes do insuportável tédio de suas existências. O nome da arte é profanado quando se chama a isso de poesia: jogar com imagens excêntricas ou infantis para estimular desejos adormecidos, excitar sentidos embotados para lisonjear prazeres grosseiros. Porém, onde quer que a verdadeira cultura [*echte Bildung*] não alcance o povo inteiro haverá uma arte vulgar, a qual não conhece outra forma de estímulo que a opulência rasteira e a intensidade repugnante. Ao alterar constantemente sua matéria, seu espírito permanece o mesmo: confusa pobreza. Por outro lado, em nosso tempo há também uma arte melhor, cujas obras despontam em meio às vulgares como altos rochedos surgindo por entre nuvens indefinidas de uma região distante. Na história da arte moderna encontramos poetas, aqui e ali, os quais em meio a uma época decaída parecem estranhos vindos de um mundo mais elevado.[4] Com toda força de suas almas, eles buscam o eterno e, ainda que em suas obras não alcancem totalmente harmonia e satisfação, aspiram tão fortemente a elas que despertam a mais justa esperança de que o objetivo da poesia não permanecerá eternamente inalcançável, se é que (esse objetivo) pode ser alcançado por intermédio de força, arte, cultura e ciência. Somente nessa mesma arte superior é que se revelam mais claramente as deficiências da poesia moderna. É justamente aqui que o entendimento se encontra em grande embaraço, quando

[3] Referência à deusa grega Juno.

[4] No original: *Fremdlinge aus einer Höhern Welt.* A frase remete à utilizada por Schlegel em sua obra *Relato sobre as obras poéticas de Giovanni Boccaccio* para se referir ao gênio criativo: *"Honramos como um estranho vindo de regiões superiores"*. Cf. SCHLEGEL, Friedrich. *Relato sobre as obras poéticas de Giovanni Boccaccio.* Constantino Luz de Medeiros (Trad., introd., estudo e notas.). São Paulo: Editora Humanitas/FFLCH-USP, 2015.

o sentimento reconheceu o valor elevado da obra e quanto o juízo verificou e confirmou a afirmação do sentimento. Na maioria dos casos aquilo sobre o qual a arte mais poderia se orgulhar não parece ser, de modo algum, propriedade sua. Um grande mérito da poesia moderna reside no fato de que muitas coisas boas e grandiosas, as quais foram ignoradas, excluídas e afastadas das instituições, da sociedade e da sabedoria acadêmica nela encontram proteção, refúgio, cuidado e um lar. Aqui, por assim dizer, no único lugar puro de um século profano, os poucos e mais nobres (poetas) depositaram a flor de suas vidas elevadas, o melhor de tudo o que realizaram, pensaram, fruíram e pretenderam, como em um altar erigido à humanidade. Mas, o objetivo desses poetas não é quase sempre a verdade e a moralidade muito mais do que a beleza? Analisem a intenção do artista quando ele a revelar claramente, ou quando apenas seguir seu instinto sem muita circunspecção; analisem os juízos dos entendidos e as decisões do público! Quase em toda parte, seja enquanto pressuposto silencioso ou algo expressamente estabelecido, vocês encontrarão como último critério de valor de suas obras qualquer princípio (atuando) como o mais elevado fim e a primeira lei da arte, apenas não o belo. Isso (o belo) é tão pouco dominante na poesia moderna que muitas de suas obras mais perfeitas são evidentemente representações do feio; é necessário então finalmente admitir, mesmo contra a vontade, que há uma representação da confusão mais plena, do desespero em toda a sua abundância, que exige a mesma — ou ainda mais alta — força criadora e sabedoria artística, como (ocorre) na representação da abundância e da força em perfeita harmonia. Os poemas modernos mais aclamados parecem se diferenciar desse gênero mais em grau do que em espécie, e se há neles mesmo o mais leve indício de beleza perfeita, ele não se encontra no prazer tranquilo, mas na *ânsia insatisfeita*.[5] Aliás, não poucas vezes, quanto mais se dis-

[5] A questão da ânsia [Sehnsucht] romântica é um tema central em muitos escritos de Schlegel. Não se trata de melancólica saudade de passado, mas da esperança no futuro. Hans Eichner descreve perfeitamente essa ideia quando afirma que, para os românticos e para Jean Paul (Friedrich Richter), "se poesia é pressentimento, a poesia

tancia do belo, mais violentamente se anseia por ele. Os limites da ciência e da arte, do verdadeiro e do belo são tão confusos que mesmo a certeza da imutabilidade daqueles limites eternos quase se transforma em (algo) universalmente instável. A filosofia poetiza e a poesia filosofa: a história é tratada como poesia, e esta como história. Até mesmo os gêneros poéticos confundem reciprocamente sua destinação; uma atmosfera lírica torna-se o assunto de um drama, e uma matéria dramática é compelida à forma lírica. Essa anarquia não se mantém apenas nos limites externos, mas se estende por todo o domínio do gosto e da arte. A força produtora é infatigável e inconstante; a receptividade individual e a pública são sempre igualmente insaciáveis e insatisfeitas. A própria teoria parece se desesperar completamente por (encontrar) um ponto fixo em meio a essa mudança sem fim. O gosto público — mas, como seria possível um gosto público onde não há costumes públicos? — a caricatura do gosto público, *a moda*, homenageia a cada instante um novo ídolo.[6] Todo novo fenômeno que resplandece desperta a indubitável crença de que agora se alcançou o objetivo, o belo mais elevado, de que se encontrou a lei fundamental do gosto, a norma mais significativa de todo valor artístico. Mas, no momento seguinte o delírio se esvai; então, os que retornaram à sobriedade destroem a imagem do ídolo mortal, e, em novo êxtase artificial, adoram um novo (ídolo) em seu lugar, cuja divindade não durará mais do que o capricho de seus adoradores!

Há artistas que buscam somente os encantos exuberantes da matéria sensual, o adorno florido, o som harmonioso e lisonjeiro da linguagem encantadora, mesmo que sua poesia extravagante ofenda a verdade e a decência, deixando a alma vazia. Outros se enganam com a precipitada ilusão de perfeição por causa do acabamento e da delicadeza na estrutura e na execução. Outros, despreocupados com o encanto e com o acabamento, consideram a

romântica é o pressentimento de um futuro grandioso na terra". Cf. EICHNER, Hans. *Romantic and its Cognates. The European History of a Word.* Manchester: Manchester University Press, 1972, p. 126.

[6] Itálico e destaque de Schlegel.

fidelidade comovente da representação, e a compreensão profunda dos detalhes mais ocultos (da obra) como o objetivo mais elevado da arte. Essa parcialidade do gosto italiano, francês e inglês é reencontrada, unificada em sua intensa dureza, na Alemanha.

As investigações metafísicas de alguns pensadores sobre o belo não tiveram a mínima influência sobre a formação do gosto e da arte. A teoria prática da poesia, com poucas exceções, não passou até agora do sentido para aquilo que se praticou de forma bastante equivocada; (é) por assim dizer, o conceito deduzido do falso gosto, o espírito da infeliz história (da arte). Por isso, ela (a história da arte) seguiu naturalmente aquelas três direções principais, procurando o objetivo da arte ora no encanto, ora na correção e ora na verdade. Aqui, por meio do selo de sua autoridade, ela recomendava obras sancionadas como modelos eternos da imitação; ali, estabelecia a originalidade absoluta como a norma mais elevada de toda obra de arte, cobrindo com infinita desonra a mais remota suspeita de imitação. Severa, com sua armadura escolástica, exigia submissão absoluta até mesmo às leis mais arbitrárias e evidentemente tolas; ou idolatrava o gênio com oráculos místicos e transformava a desordem artificial em princípio fundamental, venerando revelações não raramente ambíguas com orgulhosa superstição. A esperança de criar obras vivas através de princípios, ou de elaborar belos jogos por meio de conceitos foi tantas vezes frustrada que, por fim, em lugar da fé surgiu uma extrema indiferença. A teoria deve culpar a si mesma quando tiver perdido todo o crédito junto aos artistas mais geniais e ao público. Como é que ela pode esperar respeito por suas máximas e exigir obediência às suas leis, se ainda não conseguiu nem mesmo oferecer uma explicação apropriada sobre a natureza da poesia e uma divisão satisfatória de seus gêneros? Se nem mesmo conseguiu chegar a um acordo consigo mesma sobre o destino da arte? Se existe uma afirmação com a qual, em certa medida, todos os adeptos dos diferentes sistemas estéticos parecem concordar, é apenas esta: que não há uma lei da arte universalmente válida, não há um objetivo permanente do gosto, ou que, se existe ele não é, todavia, aplicável; que a precisão do gosto e da beleza da arte depende exclusivamente do acaso. E realmente, aqui parece que é apenas o acaso que joga seus jogos, reinando como um déspota sobre esse estranho reino da confusão. A anarquia, tão visível tanto na teoria estética quanto na prática dos artistas estende-se até mesmo à história da poesia moderna. À primeira vista, quase não se pode descobrir algo comum em seu conjunto, quanto mais (encontrar) regularidade em seu desenvolvimento, graus determinados em sua formação, limites claros em suas partes ou unidade satisfatória em seu conjunto. Em uma série consecutiva de poetas (modernos) não se encontra nenhuma particularidade constante, e no espírito das obras contemporâneas não há relações comuns. Entre os modernos é apenas um desejo piedoso que o espírito de um grande mestre de uma época afortunada possa irradiar amplamente seus efeitos benéficos, sem que com isso o espírito geral anule a particularidade do indivíduo, sem molestar seus direitos ou paralisar sua força inventiva. Aqui, enquanto a correnteza da moda o eleva, todo grande artista original trata de seguir um enxame incontável dos mais mesquinhos copistas, até que em razão de suas eternas repetições e deformações, mesmo o maior modelo transforma-se em algo cotidiano e repugnante, de modo que em lugar do endeusamento surge a repulsa e o eterno esquecimento. A ausência de caráter [*Charakterlosigkeit*] parece ser a única característica da poesia moderna; a confusão, o comum de seu conjunto; a ausência de leis, o espírito de sua história; e o ceticismo, o resultado de sua teoria. Nem mesmo a singularidade tem limites definidos e estáveis. A poesia francesa e inglesa, a italiana e a espanhola parecem muitas vezes trocar mutuamente suas características nacionais como em uma mascarada.[7] A poesia alemã, por seu lado, expõe um museu geográfico quase completo de todas as caracterizações nacionais de cada época

[7] *Masquerade* no original.

e lugar do mundo; falta apenas, de acordo com o que dizem, o caráter (nacional) alemão. Na verdade, o público mais refinado, no fundo completamente indiferente à todas as formas e saturado de sede insaciável de assuntos, também não exige nada mais do artista do que individualidade *interessante*. Para o público, desde que se produza o efeito, o modo como é produzido, quando surge, ou se é forte ou novo são (coisas) tão indiferentes quanto a harmonia dos efeitos isolados em relação ao todo perfeito e acabado. A arte faz a sua parte para satisfazer essas exigências de modo apropriado. Aqui, encontram-se lado a lado, como em um armazém estético, a poesia popular e a poesia de bom tom,[8] e até mesmo o metafísico não procura em vão seu próprio sortimento; (há) epopeias nórdicas ou cristãs para os amigos do Norte e do Cristianismo; histórias de espíritos para os amantes de horrores místicos; odes iroquesas ou canibais para os amantes da antropofagia [*Menschenfresserei*]; trajes gregos para almas antigas e histórias de cavalaria para línguas heroicas;[9] (há) até mesmo poesia nacional para os diletantes da germanidade! Mas, é inútil reunir essa rica profusão de individualidades *interessantes* (advindas) de toda parte! O tonel das Danaides permanece eternamente vazio.[10] Em cada prazer os desejos apenas se intensificam; com cada concessão as exigências tornam-se cada vez mais elevadas, e a esperança de satisfação final se distancia cada vez mais. O novo torna-se antigo, o raro, comum, e os estímulos do (que é) encantador tornam-se embotados. Quando a própria força é ainda mais débil e o instinto artístico reduzido, a fraca receptividade afunda em uma impotência ultrajante; por fim, o gosto enfraquecido não quer mais aceitar refeição alguma, a não ser repugnantes (alimentos) crus, até desaparecer por completo, acabando-se em uma decidida nulidade. Ainda que a força não venha a sucumbir, isso trará pouco proveito. Como um grande

[8] No original: *Bontonpoesie*.

[9] Em alemão: *Rittergedichte für Heroische Zungen*.

[10] Referência às Danaides, as cinquenta filhas de Danao na mitologia grega, as quais foram condenadas a encher eternamente um tonel sem fundo.

homem de espírito, mas que se ressente de harmonia, disse de si mesmo através da voz de um poeta:

> Assim, hesito do desejo ao prazer,
> e no prazer desfaleço pelo desejo[11]

Desse modo, a mais poderosa disposição estética aspira e desfalece infatigável em uma ânsia insatisfeita, e a agonia do esforço inútil eleva-se não raras vezes até o inconsolável desespero.

Observando atentamente tanto a ausência de objetivo e de leis no todo da poesia moderna, quanto a elevada perfeição das partes individuais, seu conjunto parece um mar de forças conflitantes, no qual as pequenas partes da beleza perdida, os fragmentos da arte despedaçada, atiram-se uns contra os outros em uma mistura caótica. Pode-se denominá-la de um *caos* de tudo o que é sublime, belo e encantador, como o antigo *Caos*, a partir do qual, como reza a lenda, o mundo se organizou,[12] e que espera apenas o amor e o ódio para separar as partes diferentes e reunir as idênticas.

Será que não se pode descobrir um fio condutor para solucionar essa confusão enigmática, para encontrar a saída desse labirinto? De algum modo, a origem, o contexto e a causa de tantas características singulares da poesia moderna devem ser explicáveis. Talvez consigamos encontrar simultaneamente o sentido de sua busca atual e a direção de seu percurso futuro no espírito de sua história até o momento presente.[13] Se tivéssemos

[11] *"So tauml' ich von Begierde zu Genuß, und im Genuß verschmacht' ich nach Begierde."* Trecho intitulado "Wald und Höhle" [Floresta e gruta], do *Fausto*, de Johann Wolfgang Goethe. [Tradução do trecho nossa.]

[12] Schlegel se refere ao deus grego primordial, *Caos*, descrito na *Teogonia* de Hesíodo.

[13] As questões levantadas nesses trechos por Schlegel remetem ao cerne desse escrito, o qual se fundamenta na antinomia entre o antigo e o moderno como resolução para a compreensão da complexidade da poesia moderna. É a partir da descoberta e resolução da antinomia entre o antigo e o moderno no primeiro romantismo alemão que se fundamenta, decerto modo, a modernidade literária. Sobre esse assunto, ver: MEDEIROS, Constantino Luz de. *A invenção da modernidade literária. Friedrich Schlegel e o romantismo alemão.* São Paulo: Iluminuras, 2018.

primeiro compreendido claramente *o princípio de sua formação*, talvez não seria difícil revelar sua tarefa completa. Muitas vezes, o que gerou seu objeto foi uma necessidade urgente; assim, do desespero emergiu uma tranquilidade renovada, e a anarquia tornou-se a mãe de uma revolução benéfica. A anarquia estética de nossa época não poderia esperar semelhante desfecho? Talvez tenha chegado o *momento decisivo* no qual ou o gosto é o prenúncio de melhoria completa, depois da qual ele não apenas jamais se perderá, mas necessariamente deverá progredir, ou a arte cairá para sempre, e nossa época deve renunciar à esperança de beleza e de reestabelecimento da verdadeira arte. Se previamente tivermos então compreendido o caráter da poesia moderna de forma conclusiva, encontrado o princípio de sua formação, e esclarecido os traços mais originais de sua individualidade, então as seguintes questões se imporão:

> Qual é a tarefa da poesia moderna?
> Ela pode ser alcançada?
> Quais são os meios para isso?

***

É evidente que, em seu sentido mais estrito e literal, (algo como) a ausência de caráter não pode existir.[14] O que se costuma chamar assim ou é um caráter muito apagado, que se tornou por assim dizer ilegível, ou extremamente composto, complexo e enigmático. Até mesmo aquela anarquia total no conjunto da poesia moderna é algo comum; um traço característico que não pode existir sem um motivo interno comum.

Estamos acostumados a observar a poesia moderna como um todo coerente, mais por um sentimento obscuro do que por motivos claramente desenvolvidos. Todavia, com que direito podemos pressupor isso implicitamente? É verdade que o sistema dos povos

[14] Schlegel se refere à afirmação anterior de que o que caracterizava a poesia moderna era exatamente a ausência de caráter [*Charakterlosigkeit*].

europeus, apesar de todas as singularidades e as diferenças de cada nação, aponta para a origem idêntica e comum de sua cultura, através da clara semelhança do espírito de suas línguas, de suas constituições, costumes e instituições, assim como em muitos vestígios de épocas anteriores que permaneceram. Soma-se a isso uma religião comum muito diferente de todas as demais. Além disso, a formação dessa curiosíssima massa de povos está relacionada de um modo tão íntimo, tão coeso e tão constante na influência mútua de todas as partes individuais; apesar de toda diversidade, ela tem muitas qualidades comuns, buscando visivelmente um objetivo comum, de modo que não pode ser considerada de outro modo a não ser como um todo. O que é verdadeiro em relação ao todo vale também para as partes isoladas: como a formação moderna em geral, a poesia moderna também é um todo coeso. Porém, por mais evidente e categórica que seja essa observação para muitos, seguramente não faltam céticos que, em parte negam essa coesão, e em parte a explicam por circunstâncias casuais e não a partir de um princípio comum; aqui não é o lugar de averiguar isso. Enfim, vale mesmo a pena seguir essa pista e arriscar a tentativa de observar se aquele pressuposto geral passa no exame!

A influência constante e mútua da poesia moderna já aponta para a coesão interna. Desde o reestabelecimento das ciências (no Renascimento) ocorreu uma constante imitação recíproca entre as diferentes poesias nacionais dos maiores e mais cultivados povos europeus. Tanto o estilo italiano, quanto o francês e o inglês tiveram sua época áurea, na qual eles dominaram despoticamente todo o resto da Europa culta. Apenas a Alemanha experimentou até agora a mais diversa influência estrangeira sem contrapartida. Em razão dessa associação (entre nações) o caráter nacional torna-se cada vez mais apagado, até que, finalmente, é quase exterminado. Em seu lugar surge um caráter geral europeu, e a história de cada literatura nacional moderna não contém nada mais que a transição gradual de seu caráter original para o caráter de uma formação artificial posterior. Todavia, já nas épocas mais remotas as diferentes peculiaridades originais tinham tanta coisa em comum que pareciam um ramo de um tronco. Semelhança das línguas, dos tipos de verso, gêneros poéticos muito singulares![15] Enquanto as fábulas da época de cavalaria e as lendas cristãs foram a mitologia da poesia romântica, a semelhança da matéria e do espírito das representações era tamanha que a diversidade nacional quase se perdeu na homogeneidade de todo o conjunto.[16] O próprio caráter daquela época era simples e uniforme. Mas, após atravessar uma revolução total, a forma do mundo europeu se transformou completamente, tornando os traços nacionais mais distantes e diversos com a ascensão do Terceiro Estado; apesar disso, muita coisa permaneceu extremamente semelhante. Essa (semelhança) exerceu sua influência também na poesia; não apenas no caráter de seus gêneros poéticos, cuja matéria é a vida burguesa, e no espírito de todas as representações, mas até mesmo em particularidades comuns. De fato, esses traços podem ser explicados a partir da origem comum e do contato externo, em suma, pela situação. Há ainda outros traços curiosos da poesia moderna, através dos quais ela se diferencia especificamente de todas as outras que a história nos dá a conhecer, e cuja base e objetivo só podem ser deduzidos a partir de um princípio interno comum, ao qual pertencem: (a) a constância extremamente característica com a qual todas as nações europeias buscaram a imitação da arte da Antiguidade, e da qual nenhum fracasso jamais as afastou completamente, pois elas retornaram diversas vezes (à imitação) de um modo novo. (b) Aquela estranha relação da teoria com a prática, uma vez que o próprio gosto, na pessoa do artista e do público, exigia da ciência não apenas a explicação de suas afirmações e o comentário de suas leis, mas também desejava certamente a indicação do objetivo, da direção e das leis da arte. Em desacordo consigo mesmo e sem

[15] A alusão à identidade na multiplicidade citada por Schlegel surge igualmente nos escritos de Giambattista Vico (1668-1744) e Johann Gottfried Herder (1744-1803).

[16] Para uma descrição histórica e sistêmica da poesia romântica em Schlegel ver: MEDEIROS, Constantino Luz de. *A invenção da modernidade literária. Friedrich Schlegel e o romantismo alemão*, op. cit.

ressonância interna, o gosto enfermo busca abrigo nas receitas de um médico ou um charlatão, mesmo que ele, com sua arrogância ditatorial, saiba apenas enganar a sinceridade ingênua. (c) Além disso, o contraste gritante entre a arte elevada e a arte inferior. Especialmente agora, existem dois tipos diferentes de poesia as quais convivem muito próximas, cada qual com seu próprio público, seguindo seu curso sem ocuparem-se uma com a outra. Não tomam o mínimo conhecimento de si, a não ser quando se encontram acidentalmente; então, muitas vezes, em razão da popularidade de uma ou da distinção da outra, atacam-se mutuamente através do desprezo e da zombaria. O público, que se contenta com pouco,[17] é suficientemente ingênuo para rejeitar qualquer poesia que possua exigências mais elevadas, como se fosse destinada apenas aos eruditos, apropriada somente para indivíduos extraordinários ou ocasiões solenes.[18] (d) Outro fator é a total predominância do característico, do individual e do *interessante* em todo o conjunto da poesia moderna, sobretudo nas épocas mais tardias. (e) Por fim, a incansável e insaciável aspiração pelo novo, o picante, o que é marcante,[19] embora essa ânsia permaneça sempre insatisfeita.

Se as partes nacionais da poesia moderna forem arrancadas de seu contexto e contempladas como um todo autônomo elas se tornam inexplicáveis. Elas adquirem firmeza e significado somente umas com as outras. Quanto mais se observa atentamente todo o conjunto da poesia moderna, mais ela parece apenas uma parte do todo. A unidade que combina tantas propriedades comuns em um todo não é imediatamente visível no conjunto de sua história. Então, devemos procurar sua unidade até mesmo além de seus limites, e ela mesma nos indicará o caminho. Os traços comuns, os quais parecem ser rastros de ligações interiores, são mais

[17] No original em alemão: *welches sich mit gröbern Kost begnügt*, que significa literalmente, "o qual se contenta com alimento grosseiro".

[18] Em W foi inserida a seguinte nota: "[...] com sua baixeza poética e a consciência tranquila, o público rejeita (a poesia elevada) e se abandona à necessidade artística diária de encenações e romances medíocres".

[19] O termo original é *Frappanten*. Palavra de origem francesa muito utilizada por Schlegel.

aspirações e relações do que qualidades. A semelhança de alguns traços aumenta conforme retrocedemos no tempo, enquanto a de outros aumenta quanto mais nos aproximamos deles. Devemos, pois, procurar sua unidade em uma direção dupla: para trás, em busca da primeira origem de sua gênese e desenvolvimento; para frente, na direção do último objetivo de sua progressão. Talvez desse modo conseguiremos explicar completamente sua história e não apenas a base, mas deduzir de forma satisfatória o objetivo de seu caráter.

***

Nada contradiz tanto o caráter e mesmo o conceito de homem do que a ideia de uma força completamente isolada que possa atuar através de si e em si. Ninguém negará que o homem, ao menos como o conhecemos, só pode existir no mundo. Já o conceito indeterminado que a linguagem corrente associa às palavras "cultura, desenvolvimento, formação" [*Kultur*, *Entwicklung*, *Bildung*] pressupõe duas naturezas diversas; uma que será formada, e outra que ocasiona, modifica, promove e inibe a formação através das circunstâncias e da situação exterior. O homem não pode atuar sem se formar. A formação é o verdadeiro conteúdo de toda vida humana e o objeto autêntico da história superior, a qual busca no mutável o que é necessário. Assim que o homem adentra a existência ele, por assim dizer, entra em conflito com o destino, e toda a sua existência é uma luta constante de vida e morte contra a terrível força, de cujos braços ele jamais pode escapar. Em seu íntimo, ela o cerca por todos os lados, não o abandonando momento algum. Pode-se comparar a história da humanidade, que caracteriza a gênese e a progressão necessárias da formação humana, a anais militares. Ela é o relato fiel da guerra da humanidade contra o destino. O homem não precisa apenas de um mundo fora dele, o qual se torna ora instigação, ora elemento e ora órgão de sua atividade; pois, até mesmo no centro de seu próprio ser, seu inimigo — a natureza oposta a ele — deitou raízes. Já se notou com frequência que a humanidade é uma espécie híbrida, uma mistura ambígua de divindade e animalidade. Sentiu-se apropriadamente que seu caráter eterno e necessário é unificar em si as contradições indissolúveis, os enigmas incompreensíveis, os quais surgem da combinação do (que é) infinitamente oposto. O homem é uma natureza misturada de seu Eu puro e de uma essência estranha. Ele jamais pode acertar completamente as contas com o destino, e dizer categoricamente: isso é seu, isso é meu. Apenas o espírito que foi suficientemente trabalhado pelo destino alcança a rara felicidade de poder ser independente. O fundamento de suas obras mais orgulhosas é muitas vezes um mero presente da natureza, e mesmo suas melhores ações frequentemente mal lhe pertencem. Sem liberdade plena não haveria ação: sem nenhuma ajuda exterior não haveria ação humana. A força a ser formada precisa necessariamente ser capaz de apropriar-se das habilidades da força formadora, tem que ser capaz de determinar a si mesma a partir dela. Ela deve ser livre. A formação ou o desenvolvimento da liberdade é a consequência necessária de toda ação e todo sofrimento humano, o resultado final de toda ação recíproca entre liberdade e natureza. Na influência mútua, na permanente determinação recíproca que ocorre entre ambas, uma das forças deve necessariamente ser a ativa e a outra a reativa.[20] É a liberdade ou a natureza que deve dar o primeiro impulso determinante para a formação humana, definindo a direção do caminho, a lei da progressão e a meta final de toda a trajetória, quer se trate do desenvolvimento de toda a humanidade ou apenas uma parte essencial dela. No primeiro caso, a formação pode chamar-se natural, no segundo, artificial. Naquele, a primeira fonte originária da atividade é um desejo indeterminado; neste, um objetivo determinado. Ali, mesmo com a mais elevada instrução, o entendimento é no máximo o ajudante e intérprete da inclinação; e o instinto, em sua totalidade, é o legislador absoluto, o guia da

[20] No original em alemão *wirkende* [ativa, atuante] e *rückwirkend* [reativa].

formação. Aqui, a força motriz e ativa também é o instinto; por outro lado, a força condutora e legisladora é o entendimento; um princípio condutor superior, o qual dirige e guia a força cega, determina sua direção, define a organização de todo o conjunto, separa e unifica as partes individuais de acordo com seu arbítrio.[21]

A experiência nos ensina que em todas as regiões, épocas e nações, e em qualquer âmbito da cultura humana a prática precede a teoria, e que sua formação se originou na natureza. E mesmo antes de qualquer experiência, a razão pode predeterminar com segurança que o motivo deve preceder o que será motivado, a ação a reação, o instinto da natureza deve preceder a autodeterminação do homem. A arte só pode vir após a natureza, a formação artificial só pode vir após a formação natural. Isso (a formação artificial) deve ser consequência de uma formação natural desafortunada, pois, se o homem pudesse progredir sempre, seguindo sem obstáculos o caminho da natureza em direção ao objetivo, o auxílio da arte seria completamente supérfluo; na verdade, não se pode vislumbrar o que o instigaria a se mover para buscar um novo caminho. A força motriz[22] continuará deslocando-se na direção já tomada se for abandonada a si mesma, e caso nenhuma mudança exterior lhe indique uma nova direção. A natureza continuará sendo o princípio condutor da formação até que perca esse direito, e apenas o abuso infeliz desse poder permitirá ao homem despojá-la dessa função. O fato de que a tentativa de formação natural pode fracassar não é um pressuposto improvável: o instinto é uma força motriz poderosa, mas um guia cego.[23] Além disso, um elemento

[21] De acordo com Arlenice Almeida da Silva, a utilização do termo "força" por Schlegel remete à filosofia de Johann Gottlieb Fichte (1762-1814) e sua teoria dos impulsos: "Em Fichte e Schlegel, o impulso é uma força indivisível e sempre prática, isto é, não há uma divisão ou fragmentação do impulso direcionando-os ora à multiplicidade, ora à unidade, como em Schiller. Ademais, o impulso é prático, uma vontade de limitação e autolimitação". Cf. SILVA, Arlenice Almeida da. "O *Interessante* em Friedrich Schlegel". *Trans-Form-Ação*, Marília, v. 34, pp. 75-94.

[22] Em alemão: *Die bewegende Kraft.*

[23] No original: *ein mächtiger Beweger, aber ein blinder Führer.* Essa sentença de Schlegel tornou-se muito conhecida como exemplo de que a formação natural estaria, de certo modo, destinada ao fracasso.

estranho foi incorporado nessa legislação: pois, o instinto não é completamente puro, mas composto de humanidade e animalidade. A formação artificial, ao contrário, pode ao menos levar a uma legislação correta, a um aperfeiçoamento duradouro e à satisfação definitiva e completa, porque a mesma força que determina a meta do conjunto, ao mesmo tempo define a direção da trajetória que guia e organiza as partes individuais.

Já nas primeiras épocas da cultura europeia encontram-se traços inconfundíveis da *origem artificial* da poesia moderna. A força, a matéria eram até dadas pela natureza, todavia o princípio condutor da formação estética não era o instinto, mas certos conceitos condutores [*leitend Begriff*].[24] Até mesmo o caráter individual desses conceitos surgiu devido a circunstâncias e foi determinado necessariamente pela situação externa. O homem determinou a si mesmo através de um ato livre da mente e segundo esses conceitos, organizando a matéria e definindo a direção de sua força. Esse ato é justamente a fonte original, o primeiro impulso determinante da formação artificial, o qual é atribuído, com toda razão, à liberdade. Diferentemente do estilo pomposo oriental, o caráter da poesia romântica não tem como fundamento uma disposição natural irregular. Na verdade, são conceitos extravagantes, através dos quais a fantasia afortunada e propicia ao belo tomou uma direção equivocada. Ela se encontrava sob o domínio de conceitos, e por mais pobres e obscuros que fossem (esses conceitos), o entendimento foi o princípio norteador da formação estética. A obra colossal de Dante, esse fenômeno sublime na noite escura daquela

[24] "Por mais obscuros que sejam esses conceitos dominantes [herrschenden Begriffe], eles não podem ou devem ser confundidos com o instinto como o princípio norteador da formação. Ambos se diferenciam não por graus, mas segundo a espécie. É certo que os conceitos dominantes ocasionam inclinações semelhantes, e vice-versa. Todavia, a força condutora é inconfundível, porque a direção de ambos (dos conceitos dominantes e do instinto) é oposta. A tendência do instinto como um todo dirige-se a uma meta indeterminada. A tendência do entendimento isolado dirige-se a uma meta determinada. O ponto decisivo é saber se a organização do conjunto, a direção de todas as forças, é determinada pela capacidade de esforço e de sentimento ainda não divididas, ou apenas por um único conceito e intenção." (Nota de Schlegel.)

Era de Ferro,[25] é um documento do caráter artificial da mais antiga poesia moderna.[26] Ninguém desconhecerá em seus pormenores os grandes traços disseminados por toda parte, os quais apenas podem ter brotado daquela força original que não pode ser nem ensinada e nem aprendida. Todavia, a obstinada organização do conjunto e a mais estranha estrutura de toda essa obra descomunal devemos não ao divino bardo, e nem ao sábio artista, mas aos conceitos góticos do bárbaro.

Até mesmo a rima parece ser uma característica dessa artificialidade originária de nossa formação estética. O prazer na repetição regular de um som similar talvez encontre seu fundamento na natureza da sensibilidade humana. Todo som de um ser vivo tem seu sentido peculiar, e mesmo a semelhança de muitos sons não é insignificante. Assim como o som isolado descreve uma situação passageira, os sons coletivos descrevem uma peculiaridade constante. A característica sonora é o retrato musical de uma organização individual. Desse modo, muitas espécies de animais repetem o mesmo som — eles rimam — para dar a conhecer ao mundo sua identidade. Seria possível também pensar que em razão de uma disposição natural desfavorável ou muito irregular, mesmo sem artificialidade, um povo pudesse encontrar deleite imenso na semelhança dos sons. Apenas onde conceitos equivocados determinam a direção da formação poética é que se poderia elevar um adorno gótico ao status de lei necessária, e o prazer infantil de um joguete caprichoso quase à categoria de fim último da arte. Exatamente em razão dessa barbárie originária da rima é que manejá-la é uma arte tão difícil e rara, de modo que mesmo a destreza dos grandes mestres é quase insuficiente para neutralizá-la. Na bela arte, a rima sempre será uma estranha perturbação. Ela exige ritmo e melodia,

[25] No original: *eisernen Zeitalters*.

[26] Schlegel concebe o começo da poesia romântica (a poesia dos modernos) entre Dante, Petrarca, Boccaccio, seguido por Guarini, Cervantes e Shakespeare. "Homero e Sófocles são tão únicos entre os antigos como Dante e Shakespeare entre os modernos. Aristófanes, Píndaro e Ésquilo pertencem aos médios, assim como entre os modernos Boccaccio, Cervantes, Guarini, Petrarca". SCHLEGEL, Friedrich. *Fragmentos sobre poesia e literatura seguido de conversa sobre poesia*, op. cit., p. 435.

pois apenas a homogeneidade regular na quantidade dupla de tons que se sucedem pode expressar o universal. A semelhança regular na qualidade física de tons diversos pode somente expressar o individual. Sem dúvida, nas mãos de um grande mestre, ela pode alcançar um sentido extraordinariamente grande, tornando-se um importante órgão da poesia característica. Também nesse aspecto se confirma o resultado de que a rima (junto ao próprio domínio do característico) encontra seu verdadeiro lugar na formação artificial da poesia.

Não devemos nos confundir com o fato de que, em comparação com épocas mais tardias, esses traços de artificialidade no princípio da poesia moderna ainda sejam bem poucos. O grande *intermezzo* bárbaro que preenche o intervalo entre a cultura antiga e a moderna deve primeiro chegar a seu término para que o caráter desta última possa torna-se verdadeiramente conhecido. Até restaram fragmentos suficientes de antigos traços peculiares; todavia, com a individualidade nacional dos vencedores nórdicos um novo ramo foi enxertado no tronco danificado. Com isso, a nova natureza precisou primeiramente de tempo para se formar, crescer e se desenvolver, antes que a arte pudesse guiá-la segundo seu arbítrio, experimentando nela sua inexperiência. O gérmen da formação artificial há muito estava presente: em uma religião artificial universal, na própria miséria inefável que foi o resultado final da decadência necessária da formação natural, assim como nas diversas habilidades, invenções e conhecimentos os quais não se perderam. O que restou do mundo antigo foi partilhado entre os bárbaros recém-chegados. Essa herança grandiosa e rica lhes custou muito caro, pois, receberam ao mesmo tempo a mais extrema imoralidade de uma natureza perdida em si mesma! A terra precisava primeiro ser desbravada e cultivada antes que esse gérmen gradualmente se desenvolvesse, e (antes) que do ventre do barbarismo uma nova forma pudesse lentamente brotar. Além disso, o espírito moderno estava tão ocupado com as necessárias exigências da religião e da política, que apenas mais tarde pode pensar no luxo do belo. Também por essa razão, a poesia europeia permaneceu por muito tempo quase tão somente nacional. Junto a seu caráter natural somente são visíveis alguns poucos e quase irreconhecíveis traços do caráter artificial.

Embora os conceitos condutores exerçam sua influência sobre a prática estética, eles mesmos são tão pobres que no máximo seriam considerados como traços precoces de futuras teorias. Ainda não existe uma teoria verdadeira, separada da prática, e que seja apenas suficientemente coerente. Posteriormente, a teoria surge ainda mais dominadora e, acompanhada de seu numeroso séquito de seguidores, propaga-se cada vez mais; anuncia-se como o princípio legislador da poesia moderna, sendo reconhecida como tal tanto pelo público, quanto pelos artistas e os conhecedores da arte. Seu grande destino seria devolver ao gosto corrompido a legitimidade perdida, e à arte degenerada a direção correta. Mas, apenas se fosse universalmente válida é que ela poderia ser aceita em geral, elevando-se de uma fraca presunção ao status de um poder verdadeiramente público. Pelo fato de que jamais entra em acordo consigo mesma, a teoria tem sido até agora bem menos do que deveria ser. Até que isso aconteça, os limites entre o entendimento e o sentimento no âmbito da arte devem ser continuamente transgredidos por ambos os lados. Uma teoria parcial irá facilmente arrogar-se direitos ainda maiores do que uma teoria universalmente válida. Em contrapartida, o gosto corrompido transmitirá à ciência sua direção equivocada, ao invés de receber dela uma direção mais apropriada. Sentimentos obtusos ou baixos, juízos confusos ou equivocados, pontos de vista incompletos ou vulgares produziriam não apenas uma quantidade de conceitos e princípios incorretos, mas também dariam ensejo a investigações cuja direção é inteiramente inapropriada, e leis fundamentais completamente equivocadas. Daí o caráter duplo da teoria moderna, que é o resultado inegável de toda sua história.[27]

[27] Como a própria arte, para Schlegel a teoria é o resultado de toda a sua história. Esse veredito, cujas origens podem ser encontradas em Winckelmann, Lessing e Herder,

Essa teoria é em parte uma reprodução fiel do gosto moderno, o conceito deduzido de uma prática equivocada, a regra da barbárie e, em parte, a aspiração constante e meritória por uma ciência universalmente válida.

A partir desse domínio do entendimento, dessa artificialidade de nossa formação estética é que se deixam explicar inteiramente todas as particularidades da poesia moderna, inclusive as mais estranhas.

Durante o período da infância do entendimento diretor [*dirigierenden Verstand*], quando o instinto teorizante ainda não está em condições de criar um produto independente a partir de si mesmo, ele costuma juntar-se a uma perspectiva dada, na qual ele possa vislumbrar a universalidade, que é o objeto de toda sua aspiração. Disso decorre a visível imitação dos antigos realizada por todas as nações europeias, e na qual elas persistiram constantemente, retornando sempre de formas renovadas, após breves pausas. Pois, o instinto teorizante esperava satisfazer aqui seu desejo de encontrar a objetividade que procurava. O entendimento infantil eleva o exemplo individual ao status de regra geral, enobrece a tradição e sanciona o preconceito. A autoridade dos antigos (por pior que possa ser compreendida, por mais equivocadamente que também possa ser imitada) é a primeira lei fundamental na constituição do mais antigo dogmatismo estético, o qual, por sua vez, é apenas um exercício preliminar para uma verdadeira teoria filosófica da poesia.

A arbitrariedade do princípio condutor da formação é ilimitada; os mais perigosos instrumentos da (formação) inexperiente são a separação e a mistura de todas as matérias dadas e disponíveis e das forças existentes. Sem ao menos intuir sobre o que faz ela segue seu percurso com uma injustiça destruidora; sua primeira tentativa é um erro que atrai numerosos outros erros para si, os quais o esforço de séculos dificilmente poderá corrigir. As restrições absurdas

é parte da fundamentação e reconfiguração dos discursos literários no primeiro romantismo alemão.

de suas leis tolas e suas divisões e combinações violentas inibe, embaraça, confunde e finalmente destrói a natureza. As obras que produz não possuem um princípio vital interno; são apenas obras isoladas, ligadas umas às outras por uma força exterior, sem coesão verdadeira, sem um todo. Depois de muitos esforços, o fruto final de seu trabalho extenuante nada mais é do que uma anarquia absoluta, uma completa falta de caráter. A mistura geral de caracteres nacionais e a constante imitação recíproca em toda a esfera da poesia moderna poderiam ser explicadas pelo contexto político e religioso de um sistema de povos, os quais mantinham muitos contatos em razão das circunstâncias exteriores, e que surgiram de um tronco comum; embora, em razão da artificialidade de sua formação ela recebesse um aspecto bem peculiar. Na formação natural ao menos se poderia decidir e determinar certos limites da separação e da união (dos caracteres nacionais). Apenas a arbitrariedade da intenção criaria uma confusão ilimitada, até finalmente eliminar qualquer traço de legalidade! É certo que ainda existe uma grande quantidade de especificidades, como há grandes nações cultas. Mas, os poucos traços comuns são bastante inconstantes, e na verdade cada artista existe apenas para si, um egoísta isolado em meio a sua época e seu povo. Há tantas maneiras [*Manieren*] individuais como artistas originais. A mais rica variedade junta-se à parcialidade amaneirada a partir da época em que a força ativa da natureza, sob a pressão da restrição artificial, começa a espalhar sua abundância. Pois, quanto mais distante se está da verdade pura, mais perspectivas parciais existem sobre ela. Quanto maior for a quantidade disponível de obras originais, mais rara será a verdadeira originalidade. Por isso é que existe a inumerável legião de artistas imitadores que ecoam (o original);[28] por isso é que a originalidade genial é o objetivo mais elevado do artista e a norma suprema do conhecedor de arte.

Mais tarde, após pagar um alto preço pelos inúmeros equívocos, o entendimento pode finalmente alcançar uma compreensão

[28] No original: *nachahmenden Echokünstler.*

melhor, aproximando-se, assim, de um aperfeiçoamento duradouro. Então, é perfeitamente possível que, em nome de um propósito elevado, ele também possa alterar, apagar ou até mesmo destruir o caráter nacional original. Mais desafortunados ainda são seus experimentos químicos de separar e unir arbitrariamente as artes originais e as espécies de arte puras. Inevitavelmente, sua perspicácia desafortunada irá arruinar a natureza de forma violenta, falsificar sua simplicidade, dissolver e destruir sua bela organização em uma espécie de massa elementar. É no mínimo extremamente incerta a possibilidade real de se descobrir novas associações e tipos (de arte) através dessas composições artificiais. Como é que os limites das diversas artes individuais não serão confundidos com a união de várias delas? Em uma mesma obra de arte a poesia é muitas vezes a déspota e escrava da música. O poeta quer expressar o que apenas o ator é capaz, deixando-lhe lacunas que somente ele (o poeta) pode preencher. O próprio gênero dramático poderia nos oferecer uma rica coleção de exemplos de misturas antinaturais de gêneros literários puros. Escolherei apenas um único exemplo brilhante, no qual a monstruosidade do gênero torna-se ainda mais visível através da perfeição na execução. Há um tipo de drama moderno que se poderia chamar de *lírico*. Não em razão de suas partes líricas: pois toda bela totalidade dramática é composta de muitos elementos líricos; mas por ser um poema em forma dramática, cuja unidade é uma disposição musical ou uma homogeneidade lírica, a expressão dramática de um entusiasmo lírico. Como a unidade de disposição não pode ser compreendida pelo entendimento, mas apenas percebida por um sentimento mais delicado, nenhum gênero é tão frequentemente incompreendido por maus conhecedores de arte do que este. Uma das obras mais perfeitas desse tipo, o "Romeu" de Shakespeare é, por assim dizer, apenas um suspiro romântico sobre a brevidade fugaz da alegria juvenil; um belo canto de lamento pelas flores mais frescas da primavera da vida que murcham tão rápido em razão do sopro rude do destino. É uma elegia encantadora, na qual o doce sofrimento, o prazer doloroso, encontram-se indissoluvelmente entrelaçados ao amor mais delicado. Mas, essa mistura encantadora de graça e dor indissoluvelmente entrelaçadas é precisamente o verdadeiro caráter da elegia.

Nada pode explicar e confirmar melhor a artificialidade da formação estética moderna do que o grande predomínio do individual, do característico e filosófico em todo o conjunto da poesia moderna. As muitas e excelentes obras de arte cujo objetivo é um interesse filosófico não constituem apenas uma espécie secundária e insignificante das belas artes, mas um gênero distinto e principal, que se divide em dois subtipos. Há uma representação autossuficiente de conhecimentos individuais e gerais, condicionados e incondicionados que é tão diversa da bela arte como o é da ciência ou da história. O feio é frequentemente indispensável para sua perfeição, e mesmo o belo é utilizado apenas como instrumento para determinado objetivo filosófico. Em geral, o âmbito da arte representacional [*darstellend Kunst*] tem sido limitado de forma muito estreita, de modo que a esfera da bela arte tem se estendido demasiadamente. O caráter específico da bela arte é um jogo livre sem um fim determinado; o da arte representacional é a idealidade da representação em geral. O ideal é uma representação (não importa se seu instrumento é a descrição ou a imitação) na qual o material representado é escolhido, organizado e, se possível, formado segundo as leis do espírito representativo. Caso seja permitido chamar de artistas a todos aqueles cujo meio é a representação ideal, e cujo fim é absoluto, então há três classes específicas de artistas, as quais dependem se o fim é o bem, o belo e o verdadeiro. Existem conhecimentos que não podem ser inteiramente comunicados nem pela imitação histórica e nem pela descrição intelectual, que somente podem ser expostos como intuições individuais ideais, e como exemplos e indícios para conceitos e ideias. Por outro lado, há também obras de arte, representações ideais, as quais não têm outro fim que o conhecimento. Chamo de poesia didática a poesia ideal cujo fim é o filosoficamente *interessante*. Obras cuja matéria é didática, mas cujo fim é estético, ou obras cuja matéria e fim sejam didáticos, mas cuja forma exterior seja poética não devem se chamar inteiramente assim (de didáticas): pois as qualidades individuais da matéria jamais podem ser um princípio suficiente para uma classificação estética válida.[29] A tendência da maioria dos poemas modernos mais perfeitos e famosos é filosófica. Nesse sentido,

29 "Discute-se sobre a arte agradável como uma espécie secundária [*Nebenart*] do belo, do qual ela se encontra separada por um abismo infinito. A retórica agradável não é mais aparentada com a poesia do que qualquer outra destreza sensorial que Platão proíbe chamar de arte, e que inclui na mesma classe da arte da culinária. Em sentido geral, arte é toda destreza original ou adquirida para executar verdadeiramente qualquer fim do homem na natureza; a habilidade de transformar em prática qualquer teoria. Os objetivos do homem são em parte infinitos e necessários, e em parte limitados e acidentais. Por essa razão, ou a arte é uma *arte ideal livre*, ou é uma *arte mecânica* da necessidade, cujas classes são a arte *útil* e a *agradável*. A matéria na qual se manifesta a lei do ânimo não é nem o mundo interior do próprio homem e nem o mundo à sua volta, a natureza imediata ou a natureza mediata (indireta) interligada a ele. A arte livre das ideias decompõe-se na arte da vida (cujas classes são a arte dos costumes e a arte do Estado) e a arte representacional, cuja definição já foi dada anteriormente. A representação científica — não importa se seus instrumentos são a descrição arbitrária ou a imitação figurativa — diferencia-se da representação da arte pelo fato de organizar tanto a matéria, quanto o que lhe é dado, de acordo com as leis do espírito representacional, raramente escolhendo e nunca formando ou inventando sua matéria. Em uma palavra, não é ideal. A arte da representação divide-se em três classes, dependendo se seu fim é o verdadeiro, o belo ou o bem. Das duas primeiras classes se trata no texto. Parece-me que a existência e a diferença específica da terceira classe (o bem) são inegáveis. Acredito que na poesia existam representações ideais cujo fim e tendência não são nem estéticos e nem filosóficos, mas morais. Não seria incompreensível que a comunicação do bem moral — antes parte integrante da filosofia socrática — afugentada pela Escolástica, tenha encontrado refúgio na poesia. O meio através do qual disseminava-se a virtude entre os gregos, e que foi elevado, intensificado e multiplicado pelo contato íntimo — a amizade ou o amor masculino — virtualmente não existe mais. O artista moral encontra apenas a representação ideal para satisfazer o instinto artístico nato, que é característico de todo grande artista, para transmitir seu dom e reproduzir seu ânimo no espírito de seus discípulos. As fronteiras são frequentemente muito difíceis de delimitar em casos individuais. O ponto decisivo é a organização do todo. A estrutura específica de uma obra didática é a que menos se confunde. Se essa estrutura é a ordem sem leis de um belo jogo então a obra é estética. A livre efusão do sentimento moral, sem acabamento e sem aspiração pela unidade regular pertenceria à poesia moral, entre a qual, mas do que na classe filosófica, eu prefiro incluir algumas famosas obras alemãs. Hemsterhuis fala de uma filosofia que seria similar ao ditirambo. O que mais poderia ele entender nisso do que a mais livre expansão do sentimento moral, a comunicação de sentimentos elevados e nobres? Chamo o *Simão* desse filósofo de poesia socrática. Ao menos para mim, a organização do todo não parece ser nem didática, nem dramática, mas ditirâmbica." (Nota de Schlegel.) *Simão* refere-se à obra de Franz Hemsterhuis, *Simão ou sobre as faculdades da alma*.

a poesia moderna parece ter alcançado a perfeição, o grau mais elevado em sua espécie. A classe didática é seu orgulho e glória; é seu produto mais original, que surge não da imitação equivocada e nem da doutrina errônea, mas a partir das profundezas ocultas de sua força originária.

A grande amplitude do característico em toda a formação estética dos modernos também se manifesta em outras artes. Será que não há uma pintura característica, cujo interesse não seja estético, nem histórico, mas puramente fisionômico,[30] ou seja filosófico, e cujo tratamento não seja histórico, mas ideal? Inclusive, ela supera infinitamente a poesia no que tange a determinação da individualidade, do mesmo modo que lhe é inferior na amplitude, coesão e completude. Mesmo no âmbito da música, o característico propagou-se por objetos individuais totalmente contra a natureza dessa arte. O característico predomina de forma ilimitada também na arte dramática. No que tange a organização e o espírito, um virtuoso da mímica deve ser como que um Proteu[31] físico e intelectual, sendo capaz de se metamorfosear em toda maneira [*Manier*] e caráter, incorporando até os traços mais individuais. Mas, com isso a arte é negligenciada, a decência frequentemente ofendida e o ritmo mímico completamente esquecido.

O que seria mais natural do que o princípio condutor também se tornar o princípio legislador? Que o *interessante* filosófico fosse o fim último da poesia? O entendimento individualizador começa separando e isolando o todo da natureza. Sob sua condução, a arte pauta-se exclusivamente pela imitação do individual. Assim, na formação intelectual mais elevada o fim natural da poesia moderna seria a individualidade original e *interessante*. Mas a simples imitação do individual nada mais é do que mera habilidade do copista e não uma arte livre. É apenas por meio da atitude ideal que a caracterização de um indivíduo se torna uma obra de arte filosó-

[30] Estudo dos traços do homem.

[31] Deidade marinha na mitologia grega. Era capaz de se metamorfosear em diversos monstros marinhos para afastar humanos curiosos.

fica.[32] Através dessa disposição, a lei (que rege) o todo deve surgir claramente do conjunto, oferecendo-se aos olhos com facilidade; o sentido, o espírito e a coesão interna do ser representado devem aparecer a partir dele mesmo. A poesia característica também pode e deve representar o universal no individual; embora esse universal (o objetivo do todo e o princípio da organização do conjunto) não seja estético, mas didático. Porém, mesmo a mais abundante caracterização filosófica é apenas uma curiosidade isolada para o entendimento, um conhecimento condicionado, uma parte de um todo que não satisfaz a ambiciosa razão. O instinto da razão aspira constantemente a uma totalidade acabada em si mesma, avançando sem parar do condicionado ao absoluto. A necessidade de absoluto e de completude é a origem e fundamento do segundo tipo de poesia didática. Essa é a verdadeira poesia filosófica, a qual interessa não apenas ao entendimento, mas também à razão. Seu próprio desenvolvimento e progresso natural conduz a poesia característica até a tragédia filosófica, a contraposição perfeita da tragédia estética. Esta representa a completude e perfeição da bela poesia, constituindo-se apenas por elementos líricos, e seu resultado final é a mais elevada harmonia. Aquela é a mais alta obra de arte da poesia didática, constituindo-se apenas por elementos característicos, e seu resultado final é a mais alta desarmonia. Seu desfecho[33] é trágico, mas seu conjunto não; pois, a pureza constante do trágico (que é uma condição necessária da tragédia estética) destruiria a verdade da arte característica e filosófica.

Este não é o lugar para se desenvolver de forma exaustiva a ainda inteiramente desconhecida teoria da tragédia filosófica.

[32] Por "individuo" Schlegel compreende não apenas seres humanos, mas qualquer fenômeno individual, inclusive obras de literatura.

[33] Em alemão *Katastrophe*. O termo advém do grego *katastrophê*, que significa "reviravolta", "transtorno", "ruína". De acordo com Massaud Moisés, é palavra própria da tragédia grega, "consiste, segundo Aristóteles (*Poética*, 1452b) em uma ação perniciosa e dolorosa, como são as mortes em cena, as dores veementes, os ferimentos e mais casos semelhantes". Ainda de acordo com o estudioso, atualmente o vocábulo francês *dénouement* substitui o termo catástrofe no sentido de desenlace. É com esse sentido de desenlace que Schlegel se refere à catástrofe. Cf. MOISÉS, Massaud. *Dicionário de termos literários*. São Paulo: Cultrix, 2004, p. 72.

Todavia, que seja permitido explicar o conceito proposto para esse gênero literário, que é em si um fenômeno interessante e, além disso, um dos mais importantes documentos para a caracterização da poesia moderna; (explicaremos) através de um exemplo, o qual, no que tange o conteúdo e a perfeita coesão do conjunto, é o mais perfeito em seu gênero até o momento. *Hamlet* é frequentemente tão mal compreendido que se costuma elogiá-lo em partes. Isso é uma tolerância bastante inconsequente, se o todo é realmente tão desconexo, tão sem sentido como se pressupõe tacitamente! Em geral, a coesão nos dramas de Shakespeare é tão simples e clara que convence por si mesma aos sentidos abertos e imparciais. Mas, o fundamento da coesão oculta-se tão profundamente, os laços são tão invisíveis e as relações tão tênues, que mesmo a análise crítica mais aguda deve falhar caso falte tato, caso se carreguem falsas esperanças ou se partam de princípios equivocados. Em *Hamlet* todas as partes individuais desenvolvem-se necessariamente a partir de um núcleo comum, e repercutem, por sua vez, sobre ele. Nada é estranho, supérfluo ou acidental nessa obra mestra da sabedoria artística.[34] O centro do todo encontra-se no caráter do herói. Através de uma situação maravilhosa toda a força de sua natureza é concentrada no entendimento, mas a força ativa é inteiramente destruída. Seu ânimo se separa em direções opostas, como em um instrumento de tortura; se despedaça e sucumbe na superabundância do entendimento ocioso, o qual o pressiona de forma ainda mais dolorosa do que todos que o cercam. Não deve haver outra representação mais perfeita da indissolúvel desarmonia, que é o verdadeiro objeto da tragédia filosófica[35] — a desproporção

[34] "Foi-me uma surpresa agradável ver reconhecida essa coesão perfeita (em Shakespeare) através do juízo de um grande poeta. Também me pareceu extremamente adequado tudo o que Wilhelm, no *Wilhelm Meister*, de Goethe, disse sobre Shakespeare e sobre o caráter de Ofélia; é verdadeiramente divina sua explicação de como Hamlet tornou-se o que é. Apenas não se deve também esquecer o que ele foi." (Nota de Schlegel.)

[35] "Em geral, o objeto do drama é um fenômeno mesclado de humanidade e destino, o qual une o maior conteúdo com a maior unidade. A coesão das partes individuais pode ser completada de dois modos para formar um todo absoluto. Nesse sentido, ou se representa a humanidade e o destino em perfeita concórdia ou em perfeita discórdia. O último caso é a tragédia filosófica. Acontecimento é o nome daquele fenômeno misto no

ilimitada da força ativa e reflexiva — como no caráter de Hamlet. A impressão total dessa tragédia é um *maximum do desespero*. Todas as impressões individuais, as quais parecem ser grandiosas e importantes, desaparecem trivialmente em vista do que aqui surge como o resultado único e final de todo ser e pensar; ante a eterna e colossal dissonância que separa a humanidade e o destino. Esse drama é um dos mais importantes documentos para o pesquisador da história estética em toda a esfera da poesia moderna. É nele que o espírito de seu autor aparece de forma mais visível; aqui se encontra totalmente reunido o que está disperso em outras obras do poeta. Shakespeare é entre todos os artistas aquele que caracteriza da forma mais perfeita e apropriada o espírito da poesia moderna. Nele, as mais encantadoras flores da fantasia romântica e a enorme magnitude dos heróis góticos reúnem-se aos mais finos traços da sociabilidade moderna e à mais profunda e abundante filosofia poética.[36] Nos dois últimos aspectos poderia até mesmo parecer que ele antecipou a formação de nossa época. Quem lhe superou na abundância inesgotável do *interessante*? Na energia das paixões? Na inimitável verdade do característico? Na originalidade única? Ele abarca os méritos estéticos mais distintos dos modernos em toda a sua extensão, na mais elevada perfeição e em toda a sua peculiaridade, incluindo até mesmo as mais excêntricas curiosidades e equívocos que eles levam consigo. Sem exageros se pode chamá-lo de *o ápice da poesia moderna*.[37] Como é abundante em belezas individuais de todo tipo! Com que frequência ele quase

qual predomina o destino. Por isso, o objeto da tragédia filosófica é um acontecimento trágico cujo conjunto e forma externa são estéticos, mas o conteúdo e o espírito são filosoficamente interessantes. A consciência desse conflito suscita o sentimento de desespero. Jamais deve-se confundir essa dor moral em razão de uma carência infinita com o medo animal; embora no homem, onde o espiritual encontra-se tão entrelaçado ao sensual, esse último se associe com frequência àquele." (Nota de Schlegel.)

[36] Esses três âmbitos ou esferas relacionadas por Schlegel em Shakespeare são os três elementos que compõem o que o crítico denomina de poesia romântica ou romance absoluto: a fantasia criativa, a representação indireta de matéria histórica e a reflexão filosófica de modo poético. Sobre esse assunto, ver a "equação do romance absoluto", em: MEDEIROS, Constantino Luz de. *A invenção da modernidade literária. Friedrich Schlegel e o romantismo alemão*, op. cit., p. 181.

[37] Itálico de Schlegel.

toca o que de mais elevado se pode alcançar! Em todo o conjunto da poesia moderna talvez nada corresponda tanto à perfeição do belo como a amável grandeza, a virtude aperfeiçoada até a graça de Brutus, em *Cesar*.[38]

Ainda assim, muitos eruditos e pensadores perspicazes não sabiam direito o que fazer com Shakespeare. Suas teorias não se sentiam contempladas por esse homem incorreto, pois, uma simpatia irresistível familiarizava esses conhecedores de arte sem tato e sem visão aguda com poetas respeitáveis, os quais são muito fracos para entregarem-se a excessos. Apenas a mediocridade de artistas mornos foi certificada e santificada sob o nome de correção. O juízo comum de que a incorreção de Shakespeare peca contra as regras da arte é, no mínimo, muito apressado enquanto não houver nenhuma teoria objetiva. Além disso, quase nenhum teórico tentou desenvolver, de um modo um pouco mais exaustivo, as leis da poesia característica e da arte filosófica.[39] Não obstante os constantes protestos em razão da ausência de regularidade, o certo é que Shakespeare sempre cativou irresistivelmente as massas. Mesmo assim, eu duvido que seu espírito filosófico possa ser compreensível para a multidão. Arrastados por sua força sensual, aprisionados por sua verdade ilusória e extremamente encantados por sua abundância inesgotável, essas massas chegaram apenas até a materialidade de sua obra.

Parece que o ponto de vista correto ainda não foi encontrado. Quanto mais sagacidade possua e quanto mais conheça esse poeta, quem julgar sua poesia como bela arte cairá em uma profunda contradição. Do mesmo modo que natureza produz o belo e o feio entrecruzados e com a mesma riqueza abundante, assim também o faz Shakespeare. Nenhum de seus dramas é belo em sua totalidade, e a beleza jamais é aquilo que determina a organização do todo. Como na natureza, as belezas individuais

[38] *The Tragedy of Julius Caesar*, de William Shakespeare, escrita em 1599.

[39] Essas leis foram desenvolvidas por Schlegel em dezenas de fragmentos, escritos reflexivos e obras de ficção como *Lucinde* e *Conversa sobre a poesia*.

raramente são livres de acessórios feios, sendo apenas meios para outros fins; servem ao interesse característico ou filosófico. Também nesse aspecto, ele (Shakespeare) é irregular e áspero onde um acabamento mais delicado estaria à disposição, mas isso ocorre exatamente em razão do interesse mais elevado. Muitas vezes, sua plenitude é uma confusão indissolúvel e o resultado do todo um conflito sem fim. Mesmo entre as figuras serenas da infância ingênua ou da juventude afortunada, uma recordação amarga nos surpreende com a lembrança da completa falta de sentido da vida, do mais perfeito vazio de toda existência. Nada é tão revoltante, amargo, repulsivo, ultrajante, repugnante, vulgar ou atroz que possa escapar de sua representação, caso seja necessário para o objetivo da mesma. Não poucas vezes, ele disseca seus objetos como (se utilizasse) uma faca anatômica, remexendo na horripilante decomposição de cadáveres morais. Por essa razão, é uma suavização muito exagerada afirmar que "ele faz o homem conhecer seu destino da forma mais amável". De fato, não podemos sequer afirmar que ele nos conduz à verdade pura. Ele apenas nos fornece uma visão parcial da mesma, mesmo que seja a mais rica e abrangente. Sua representação nunca é objetiva, mas inteiramente amaneirada [*manieriert*]: embora eu seja o primeiro a confessar que sua maneira [*Manier*] é a maior, e sua individualidade a mais interessante que conhecemos até agora. Com frequência se tem observado que a característica original de sua maneira individual é inconfundível e inimitável. Talvez o que é individual apenas pode ser compreendido e representado individualmente. Ao que parece, a arte e a maneira característica são companheiras inseparáveis, correlatos necessários. Eu compreendo como *maneira*, no âmbito da arte, uma direção individual do espírito e uma disposição individual de sensualidade, manifestas em representações as quais devem ser ideais.

É a partir dessa ausência de universalidade, do predomínio do amaneirado [*Manierierten*], característico e individual que a direção constante da poesia moderna, e mesmo toda a formação estética dos modernos rumo ao *interessante* explicam-se por si mesmas.[40] *Interessante* é todo indivíduo original que contém uma quantidade maior de conteúdo intelectual e energia estética.[41] Eu afirmei deliberadamente: uma (quantidade) maior do que o indivíduo receptor já possui, pois, o interessante exige uma receptividade individual e não raro uma disposição momentânea para a mesma. Como tudo o que é grande pode se multiplicar ao infinito, fica claro que desse modo jamais se poderá alcançar a satisfação plena; porque algo como um *supremo interessante* não existe. No conjunto da poesia moderna, nas mais diferentes formas e direções, e em todos os graus da força, manifesta-se a mesma necessidade de satisfação plena, a mesma aspiração pelo *maximum* absoluto da arte. O que a teoria prometeu, o que se buscava na natureza, e que se esperava encontrar em cada ídolo individual, o que era isso senão o sumo estético? Quanto mais o desejo por satisfação completa, que se fundamenta na natureza humana, foi frustrado pelo que é individual e mutável (em cuja exposição a arte se orientou quase que exclusivamente), tanto mais intenso e infatigável ele se tornou. Apenas o universal, constante e necessário — o *objetivo* — pode preencher esse vazio; apenas o belo pode acalmar essa ânsia ardente. O belo (introduzo esse conceito aqui de forma problemática, deixando em aberto sua verdadeira validade e aplicação)

[40] "Ao se analisar com mais rigor mesmo onde o belo é enfatizado com mais intensidade é possível encontrar apenas o *interessante*. Desde que se aprecie os artistas não a partir do ideal de beleza, mas de acordo com o conceito de virtuosidade, então a força e a arte serão apenas duas perspectivas de um mesmo princípio da apreciação estética, de modo que os partidários da correção e da originalidade genial se diferenciam não pelo princípio, mas pela direção de sua crítica até o positivo ou o negativo." (Nota de Schlegel.)

[41] "Individual é todo ser poético ou o que foi produzido recentemente." (Nota de Schlegel.) O *interessante* caracteriza a poesia moderna em termos do conteúdo intelectual e reflexivo, como o objetivo ou universal caracteriza a poesia dos antigos. No âmbito da literatura moderna não se pode alcançar um supremo *interessante*. Essa é a razão para Schlegel diferenciar o âmbito da formação natural dos antigos e a formação artificial dos modernos segundo os sistemas circular e progressivo. A poesia dos antigos atingiu todos os níveis possíveis de sua formação natural circular (nascimento, crescimento, auge e decadência), já a poesia moderna, em sua aproximação constante a um *maximum* absoluto jamais pode alcançar uma perfectibilidade absoluta.

é o objeto universal de uma complacência desinteressada,[42] que é independente tanto da pressão da necessidade quanto da lei; é livre e ainda assim necessária, inteiramente despropositada, mas ainda assim oportuna. O excesso do individual leva por si mesmo ao *objetivo*; o interessante é a preparação para o belo, de modo que o fim último da poesia moderna não pode ser outro que o sumo belo, um *maximum* da perfeição estética objetiva.

Nesse segundo ponto de contato reencontram-se todas as diferentes correntes nas quais a poesia moderna se dividiu desde a sua origem. A artificialidade de sua formação contém o fundamento de suas propriedades, e quando a direção e a meta de sua trajetória deixarem claro o fim de suas aspirações, o sentido de todo o seu conjunto será inteiramente explicado e nossa questão respondida.

O domínio do interessante é apenas uma crise passageira do gosto, pois, ele deve destruir a si mesmo ao final. Todavia, os dois desfechos entre as quais ele deve escolher são de um tipo inteiramente diverso. Se a direção apontar mais para a energia estética, então o gosto se acostumará cada vez mais com os antigos estímulos, desejando-os de um modo ainda mais violento e agudo. Ele passará rapidamente ao picante e impactante. O picante é o que estimula convulsivamente os sentimentos embotados; o impactante é o que causa um estimulo semelhante na imaginação. Estes são os sintomas da morte (do gosto) que se acerca. O insípido é a magra alimentação do gosto desfalecido, e o chocante, seja ele extravagante, repulsivo ou o horrível é a última convulsão do gosto moribundo.[43]

Se, ao contrário, o conteúdo filosófico é o que predomina na tendência do gosto, e se a natureza é forte o suficiente para não

[42] Schlegel parte da discussão kantiana sobre o gosto, retomando sua afirmação feita na introdução à presente obra de que "de acordo com a opinião da maioria dos filósofos, um traço característico do belo é que a complacência [*Wohlgefallen*] no mesmo seja desinteressada".

[43] "O chocante possui três subclasses: a que revolta a imaginação, a extravagante; a que choca os sentidos, a repulsiva; e a que aflige e tortura o sentimento, a horrível. Esse desenvolvimento do *interessante* explica de forma satisfatória a diferente trajetória da arte mais elevada e da arte vulgar." (Nota de Schlegel.)

sucumbir mesmo diante das mais violentas convulsões, então, após haver se esgotado na produção da abundância excessiva do *interessante*, a força que aspira[44] se recomporá, passando a buscar o *objetivo*. É por essa razão que o verdadeiro gosto em nossa época não é um presente da natureza, e nem um fruto isolado da formação, sendo apenas possível sob a condição de uma força ética superior e uma maior independência.

***

A sublime destinação da poesia moderna não é nada menos do que a meta mais elevada de toda poesia, o máximo que se possa exigir da arte, e o que ela pode aspirar. Todavia, o absoluto jamais pode ser alcançado. O máximo que a força que aspira pode ser capaz é aproximar-se cada vez mais desse fim inalcançável. E mesmo essa aproximação infinita não parece estar livre de contradições internas, as quais levam a duvidar de sua possibilidade. O retorno da arte degenerada para a verdadeira, do gosto corrompido para o gosto correto parece ser alcançável apenas com um salto repentino, que não se deixa combinar com o aperfeiçoamento constante através do qual toda habilidade costuma se desenvolver.[45] Como o que é *objetivo* é imutável e constante, então, a formação estética deve estar acabada para que a arte e o gosto possam alcançar a objetividade um dia. Uma interrupção da formação estética é algo impensável. Por isso, a poesia moderna sempre irá se alterar. Mas, ela também não pode se mover na direção

[44] Em consonância com as reflexões de Fichte, em sua obra *A destinação do ser humano*, traduzimos a expressão alemã *Strebende Kraft* por "força que aspira". Para Fichte, há um embate de forças naturais dentro do homem, as quais aspiram em uma ou outra direção. Cf. FICHTE, Johann Gottlieb. "Die Bestimmung des Menschen" (1800). In: *Fichtes Werke*. Band II. Berlim: Walter de Gruyter, 1971, p. 187.

[45] A problemática entre o salto repentino e o processo constante no âmbito da arte remete a um importante princípio do darwinismo, retomado pela filosofia de Gottfried Wilhelm Leibniz (1646-1716), segundo o qual *natura non facit saltum*. Sobre esse assunto, ver: WELLEK, René. Concepts of Criticism. New Haven/Londres: Yale University Press, 1963, p. 39. Ver também: SILVA, Arlenice Almeida da. "O *interessante* em Friedrich Schlegel". *Trans-Form-Ação*, Marília, 2011, v. 34, pp. 75-94.

contrária a seu fim? Isso não pode acontecer mesmo quando já tiver tomado uma direção melhor? Não serão todos os esforços humanos infrutíferos?

No que concerne o individual, o belo já é um favor da natureza. E em que medida o todo ainda será dependente de confluências individuais de raras circunstâncias, as quais o homem não pode nem ao menos dirigir, quanto mais produzir? Em geral, ao que parece, as pretensões nunca são suficientemente moderadas quando o que está em questão é a autonomia do conjunto. Sua formação, seu progresso e seu êxito final permanecem — que triste sorte! — deixadas ao acaso.

Todos os homens distintos odeiam o acaso em qualquer de suas formas. A grande tarefa do destino deve ser um poderoso chamamento de atenção e ação entre todos os que se interessam pela poesia. Por menor que seja a esperança, por mais difícil que seja a solução: *a tentativa vale à pena!*[46] Quem permanecer indiferente e indolente perante essa questão é porque não se importa com a dignidade da arte e da humanidade. De que adianta a elevação da cultura sem um fundamento concreto? De que adianta a força sem uma direção segura, sem simetria e equilíbrio? Para que serve um caos de elementos belos individuais sem a beleza completa e pura? Apenas a perspectiva de um desenlace favorável no futuro poderia nos satisfazer e tranquilizar a respeito da condição atual da formação estética.

A verdade é que a trajetória da formação moderna, o espírito de nossa época, e especialmente o caráter nacional alemão, não parecem muito favoráveis à poesia! Talvez alguns poderiam pensar: "Como são insípidas todas as instituições e organizações; como são pouco poéticos os costumes e toda a vida dos modernos! Predomina em toda parte uma pesada formalidade sem vida ou espírito, uma confusão apaixonada e um conflito tenebroso. Em vão meu olhar procura aqui a abundância livre e a unidade leve. Será que se ignora a nobre força dos antepassados alemães

[46] Itálico de Schlegel.

quando se levanta dúvidas sobre os godos terem sido poetas natos? Ou será que a cristandade bárbara dos monges era também uma bela religião? Milhares de provas os exortam em uníssono: a prosa é a verdadeira natureza dos modernos. No início da poesia moderna ainda havia ao menos uma força gigantesca e uma vida fantástica.[47] Mas, logo a arte tornou-se o brinquedo erudito de virtuosos orgulhosos. A força vital daquelas épocas heroicas logo se extinguiu e o espírito se evadiu; restou apenas o eco do sentido anterior. E o que é a poesia da época posterior senão um caos de pobres fragmentos da poesia romântica, de fracas tentativas de perfeição absoluta, de imitações infelizes de modelos mal compreendidos que se elevam aos céus com asas de cera? Assim, a partir de belos fragmentos de um mundo melhor, os bárbaros remendaram as construções góticas. Assim, com disciplina férrea e árduo esforço, o estudante nórdico termina pinturas sem vida segundo a tradição da Antiguidade! A humanidade floresceu apenas uma vez e nunca mais. Esse florescimento foi a bela arte. Em meio ao duro inverno nenhuma primavera artificial pode se impor arbitrariamente. Além disso, o espírito geral de nossa época é a lassidão que se dissipa e a imoralidade. Vocês são imprestáveis e querem parecer belos? Como o exterior deve ser puro se o interior está corroído por vermes? Que começo absurdo! Onde o caráter foi castrado e não há uma verdadeira formação ética, a arte naturalmente decai ao nível de um prurido rasteiro de abundância dissipada. A sorte da poesia alemã é ainda mais desesperançada! Entre os ingleses e franceses, ao menos a representação da vida social possui verdade original, permanência, sentido vivo e significado genuíno. O alemão, ao contrário, não pode expor o que ele não possui; quando tenta fazer isso, ele sucumbe em devaneios extravagantes ou na indiferença. É verdade que a rude boçalidade, o embotamento taciturno, a

[47] Schlegel situa o início da poesia (literatura) moderna ou romântica na época de Dante Alighieri (1265-1321), o "sagrado fundador e pai da poesia moderna". Cf. SCHLEGEL, Friedrich. *Fragmentos sobre poesia e literatura (1797-1803) seguido de conversa sobre poesia*, op. cit., p. 499.

teimosia irresoluta do inglês, assim como a intensidade superficial, a impetuosidade rasa, o refinamento vazio e a parcialidade do caráter nacional do francês os afastaram demasiadamente da beleza perfeita. A prolixidade mesquinha, a confusa falta de jeito e a antiquíssima e prudente vagarosidade de seu espírito tornam o alemão sem caráter [*charakterlosen*], inteiramente incapaz para os jogos leves da arte livre. Exceções individuais não provam nada a respeito do todo. Se aqui e acolá há gosto na Alemanha, na Roma de Nero também havia romanos".[48]

Em tais retratos históricos e em outros ainda mais obscuros pinta-se com as cores do inferno, ao estilo de Rembrandt — não sem um *pathos* festivo na exposição, embora de forma muito ligeira — o espírito de grandes povos de uma época estranha. Cada traço individual dessa representação pode ser verdadeiro ou conter algo verdadeiro, mas se os traços são incompletos, quando falta o contexto, o todo torna-se falso. O relaxamento estético em nossa época é claramente um sintoma favorável da crise benéfica e passageira do *interessante*, à qual só a natureza débil pode sucumbir. Esse relaxamento (estético) surge da aspiração mais violenta e muitas vezes exaltada, em cuja proximidade encontra-se frequentemente a força mais intensa. Nesse contexto, a queda assemelha-se naturalmente ao auge, o relaxamento à tensão. A imoralidade pode ser verdade em relação ao conjunto, mas ela impediria seriamente o desenvolvimento do gosto, o qual poderia facilmente propiciar a formação moral. O gosto é incomparavelmente mais livre da violência exterior e do contágio pernicioso. A formação moral, mesmo do indivíduo, é arrastada bem mais facilmente pela violência sedutora do conjunto, sufocada pelos preconceitos dominantes, dominada pelas mais diversas instituições exteriores. Se a poesia dos modernos vai ou não cumprir seu destino elevado, isso não pode depender apenas de um caráter nacional afortunado: pois sua

[48] Todo o trecho entre aspas foi destacado por Schlegel para demonstrar o que considera "retratos históricos distorcidos".

formação é artificial.[49] O gosto apurado dos modernos não deve ser um presente da natureza, mas obra autônoma, resultante de sua liberdade. Se a força estiver presente, então a arte finalmente conseguirá corrigir sua parcialidade, substituindo o supremo favor da natureza. Não falta força estética aos modernos, mesmo que ainda lhes falte uma orientação sábia. É certo que se poderia proteger sua disposição poética. Ou será que a natureza também foi mesquinha com os italianos? Entre os alemães ainda resta a lembrança de como o gosto alemão se formou apenas mais tarde. Assim como os alemães superam outras nações cultas da Europa no âmbito individual, no conjunto eles ficam para trás. A inventividade despretensiosa e a força recatada são os traços característicos desta nação, a qual muitas vezes desconhece a si mesma.[50] O famigerado vício alemão da imitação pode até mesmo merecer de vez em quando a zombaria com a qual se costuma estigmatizá-lo. No seu conjunto, todavia, a versatilidade é um verdadeiro progresso da formação estética, e um prenúncio claro da universalidade. A assim chamada ausência de caráter [*Charakterlosigkeit*] dos alemães é muito mais preferível ao caráter amaneirado de outras nações; apenas quando a parcialidade nacional de sua cultura estética seja mais atenuada e corrigida é que eles poderão elevar-se a um nível superior de versatilidade.

O caráter da formação estética de nossa época e de nossa nação se revela mediante um curioso e grande sintoma. A poesia de Goethe é a aurora da arte genuína e da beleza pura. A força sensual que arrasta consigo uma época, um povo, foi apenas o menor mérito com o qual o jovem (Goethe) entrou em cena.[51] O

[49] Schlegel parece remeter diretamente às reflexões de Johann Joachim Winckelmann, o qual afirma em suas *Reflexões sobre a arte antiga* que a arte grega nasceu sob um céu afortunado. Já para o romântico alemão, a poesia moderna não pode contar com a natureza afortunada dos antigos. Ver: WINCKELMANN, Johann Joachim. Reflexões sobre a arte antiga. Trad. Herbert Caro e Leonardo Tochtrop. Porto Alegre: Movimento, 1975.

[50] Traços característicos [*charakteristische Züge*] é termo frequentemente utilizado por Schlegel em suas caracterizações, as *Charakteristiken*, as quais fazem parte dos primeiros exemplos de crítica literária sem viés dogmático e normativo.

[51] Assim como Dante, Petrarca e Boccaccio representam a primeira fase da poesia romântica, Cervantes e Shakespeare a segunda, Goethe indica para Schlegel o alvorecer

conteúdo filosófico, a verdade característica de suas obras tardias poderia ser comparada à riqueza inesgotável de Shakespeare. De fato, se o *Fausto* estivesse acabado, ele provavelmente iria superar o *Hamlet*, a obra-prima do inglês, com a qual ele parece dividir o mesmo fim. O que ali (em *Hamlet*) é apenas destino, acontecimento, ou seja, fraqueza, aqui (*no Fausto*) é espírito, ação, isto é, vitalidade. A disposição e o sentido de *Hamlet* são o resultado das circunstâncias exteriores; o sentido idêntico do *Fausto* é o resultado de um caráter originário. A versatilidade da habilidade de representação desse poeta é tão ilimitada que se poderá chama-lo de *Proteu* entre os artistas, comparando-o àquele deus dos oceanos, do qual se diz:

> Primeiro tornou-se um leão, com uma terrível juba ondeando.
> Então, virou água fluída e uma árvore frondosa que subia aos céus.[52]

Em todo caso, pode-se desculpar a expressão mística, de uma percepção que é adequada, quando alguns aficionados lhe atribuem certa *omnipotência poética* à qual nada é impossível, esgotando-se em arguciosos tratados sobre seu caráter único.

Parece-me que esse misticismo refinado não encontra o ponto de vista correto; comete-se uma grande injustiça a Goethe quando se quer metamorfoseá-lo, desse modo, em um Shakespeare alemão. Talvez o inglês amaneirado sairia em vantagem na poesia característica. Mas a meta do alemão é o *objetivo*. O belo é a verdadeira medida para apreciar sua amável poesia. O que pode ser mais encantador do que a alegria leve, a tranquila serenidade de sua disposição, a determinação pura e a terna suavidade de seus

da terceira fase da poesia romântica. Para Schlegel, essa fase principia com a crise do interessante, o qual, todavia, é apenas uma fase transitória para uma forma futura de literatura cuja obra de Goethe apenas aponta. Sobre esse assunto, ver: SCHLEGEL, Friedrich. *Fragmentos sobre poesia e literatura (1797-1803) seguido de conversa sobre poesia*, op. cit.

[52] O trecho deSchlegel é uma citação ligeiramente diferente da *Odisseia*, de Homero: "Primeiro, tornou-se um leão de bela juba, depois uma serpente, um leopardo, um javali enorme; virou água fluente, uma árvore de altas frondes". Cf. HOMERO. *Odisseia*. Jaime Bruna (Trad.). São Paulo: Cultrix, 2006, p. 51 [livro IV, 456-459].

contornos? Aqui não se encontra apenas a força, mas a harmonia e o equilíbrio! As próprias *Graças* revelaram a seu favorito o segredo de uma bela atitude.[53] Através da alternância benéfica entre repouso e movimento, ele sabe espalhar a vida mais benéfica de um modo uniforme pelo todo; enquanto a plenitude livre, em partes simples, organiza-se por si mesma em uma leve unidade.[54]

Ele se encontra no meio entre o interessante e o belo, entre o amaneirado e o objetivo.[55] Por essa razão, não nos deve parecer estranho que sua própria individualidade ainda seja tão acentuada em algumas poucas obras, e que em muitas outras ela se metamorfoseie de acordo com seu humor, adquirindo maneiras desconhecidas. Esses aspectos são como recordações da época do característico e do individual. Mas, na medida do possível, ele sabe trazer uma espécie de objetividade até mesmo ao que é amaneirado. Em certas ocasiões, ele também se compraz com matéria insignificante, a qual às vezes torna-se tão tênue e indiferente, que é como se estivesse seriamente envolvido em produzir poemas totalmente puros, destituídos de qualquer matéria — como um pensamento vazio e sem conteúdo. Nessas obras, o instinto do belo é de certo modo ocioso; elas são apenas o produto puro do instinto de representação. Quase poderia parecer que a objetividade de sua arte não é um dom inato, mas também o fruto da formação; a beleza de suas obras, ao contrário, um acréscimo involuntário de sua natureza originária. Ele é sempre encantador, seja no que é alegre, ou no emotivo; é belo sempre quando quer, mas raramente sublime. Em razão da intensa violência, sua força comovente chega às vezes a roçar no que é amargo e indecoroso, ou, por enfraquecimento e suavização, aproxima-se ao que é fraco. Mas,

[53] Referência às *Graças* ou *Cárites*, deusas da concórdia, do encanto, gratidão e fortuna familiar na mitologia grega.

[54] Todo o entusiasmo em relação a Goethe por parte dos integrantes do primeiro romantismo alemão nessa fase pode ser compreendido através da leitura de *Conversa sobre poesia*, obra na qual Schlegel afirma: "A universalidade de Goethe tem se tornado cada vez mais evidente para mim, quando observo o modo diverso como suas obras atuam sobre poetas e amigos da poesia". SCHLEGEL, Friedrich, op. cit., p. 541.

[55] Schlegel ainda se refere a Goethe. (Itálico do autor.)

normalmente a força encantadora encontra-se unida da forma mais afortunada à sábia consideração. Onde ele é inteiramente livre de maneirismos sua representação é como a visão tranquila e serena de um espírito elevado, o qual não demonstra nenhuma fraqueza e não é afligido por sofrimento algum; mas, (um espírito) que se apodera sozinho da força pura, apresentando-a para a eternidade. Onde ele é inteiramente ele mesmo, ali o espírito de sua poesia encantadora é plenitude amável e graça arrebatadora.

Esse grande artista abriu a perspectiva para um nível inteiramente novo de formação estética. Suas obras são uma confirmação irrefutável de que o *objetivo* é possível, e de que a esperança do belo não é apenas um delírio vazio da razão.[56] O âmbito do *objetivo* já foi alcançado aqui, e como a violência necessária do instinto deverá guiar toda força estética (que não esgote a si mesma) para fora da crise do *interessante*; então, logo o *objetivo* se transformará em universal, será reconhecido publicamente, tornando-se inteiramente dominante. Após isso, a formação estética terá alcançado o ponto decisivo, no qual, abandonada a si mesma ela não mais decairá; ao contrário, ela somente poderá ser detida em seu progresso por forças exteriores, ou, talvez, ser inteiramente destruída por uma revolução física. Eu me refiro à grande revolução moral, através da qual a liberdade em sua luta contra o destino (na cultura) finalmente predominará sobre a natureza. Isso ocorrerá no momento oportuno em que a autonomia prevaleça até mesmo no princípio motor, na força da massa; pois, o princípio condutor da formação artificial é de todo modo autônomo. Após aquela revolução, não apenas a trajetória da formação, a direção da força estética e a organização do produto comum como um todo se orientarão de acordo com o fim e a lei da humanidade, mas será o próprio humano que predominará por sobre a força existente e o conjunto da cultura. Se a natureza não receber reforços, como

[56] Como foi dito, *objetivo* nesses casos não tem o sentido de "meta", mas de "representação universal e objetiva do histórico e subjetivo", algo imprescindível para que a poesia dos modernos alcance o mesmo grau de completude e "objetividade" daquela dos antigos. (N.T.)

no caso de uma revolução física, a qual poderia exterminar toda a cultura de uma só vez, então a humanidade poderá progredir em seu desenvolvimento sem ser importunada. Pelo menos, a formação artificial não poderá afundar-se em si mesma, como na formação natural.

Embora a superioridade da natureza no princípio da formação tenha sido tão grande, não é de se admirar que a liberdade tenha finalmente saído vitoriosa daquela luta árdua. Pois a força do homem cresce em progressão dupla, na qual cada avanço estabelece não apenas forças ainda maiores, mas fornece igualmente novos meios para outros avanços. Enquanto ainda for inexperiente, o entendimento condutor pode com frequência causar mal a si mesmo, mas deve chegar o tempo no qual ele irá reparar todos os seus erros. A força superior cega deve finalmente sucumbir ao oponente inteligente.[57] Nada é mais esclarecedor do que a teoria da perfectibilidade. O princípio puro da razão sobre o necessário aperfeiçoamento infinito da humanidade não oferece dificuldades.[58] Apenas sua aplicação na história pode causar os piores mal-entendidos, principalmente se falta o olhar para descobrir a verdadeira questão, para perceber o momento correto, para considerar o todo. É sempre difícil, e às vezes até impossível, desfazer a confusa trama da vida em seus simples filamentos, apreciando adequadamente o atual estágio da formação para saber adivinhar de forma correta os próximos estágios.

São os conceitos dominantes que determinam a trajetória e a direção da cultura moderna. Sua influência é infinitamente importante, até mesmo decisiva. Assim como no conjunto da cultura moderna existem apenas poucos fragmentos da autêntica formação ética, enquanto predominam preconceitos morais, ao invés de

[57] Schlegel parece se referir à passagem da formação natural, na qual o instinto era uma força motriz poderosa, mas um guia cego, para a formação artificial, pautada pelas determinações do entendimento [*Verstand*] e da razão [*Vernunft*].

[58] Sobre esse assunto, ver o capítulo intitulado "Crítica literária e aperfeiçoamento infinito", da referida obra: MEDEIROS, Constantino Luz. *A invenção da modernidade literária. Friedrich Schlegel e o romantismo alemão*, op. cit.

grandes e boas convicções, há também *preconceitos estéticos*, os quais encontram-se enraizados ainda mais profundamente; (esses preconceitos) espalham-se por uma extensão ainda maior, e são bem mais danosos do que parecem ser à primeira vista. O desenvolvimento progressivo e vagaroso do entendimento traz necessariamente opiniões parciais consigo. Embora contenham alguns traços de verdade, essas opiniões são incompletas, pois retiram esses traços de seu contexto original, distorcem a perspectiva e destroem a compreensão do todo. De certo modo, tais preconceitos estéticos são às vezes úteis em sua época, embora sua extensão seja limitada. Nesse sentido, através da crença ortodoxa de que uma ciência sozinha seria suficiente para produzir belas obras, a aspiração pelo *objetivo* se manteve firme e constante; e o sistema da anarquia estética serviu ao menos para desorganizar o despotismo da teoria parcial. Mais perigosos e reprováveis são outros preconceitos que restringem o próprio desenvolvimento posterior. É o dever mais sagrado de todos os amigos da arte lutar incansavelmente e, se possível, até mesmo eliminar tais equívocos, os quais bajulam a liberdade, e paralisam a força própria ao apresentar as esperanças da arte como impossíveis e as aspirações dela como infrutíferas.

Muitos pensam assim: "A bela arte não é, de forma alguma, um patrimônio de toda a humanidade, e ainda menos o fruto da formação artificial. Ela é o transbordamento involuntário de uma natureza favorável, o fruto local do clima mais afortunado, uma época momentânea, uma floração passageira, algo como a breve primavera da humanidade.[59] Ali, a própria realidade

[59] Na aproximação entre clima e a formação natural da arte, Schlegel se refere provavelmente a Winckelmann, o qual considerava que a arte se elevara a um nível superior entre os gregos em razão das condições naturais favoráveis encontradas: "O bom gosto, que cada vez mais se espalha pelo mundo, começou a se formar primeiramente sob o céu grego [...] na terra que, segundo dizem, Minerva concedeu aos gregos entre todas as terras em razão das estações temperadas, por ser aquela que produziria mentes inteligentes". WINCKELMANN, Johann Joachim.*Gedanken über die Nachahmung der griechische Werke in der Malerei und Bildhauerkunst.* Stuttgart: Philipp Reclam Jun. 1985, p. 3.

já é nobre, bela e fascinante, e a lenda popular mais comum, sem nenhum apetrecho artificial, é poesia encantadora. Aquela tenra floração da fantasia juvenil, aquela elasticidade poderosa e veloz, aquele intenso bem-estar do sentimento não poderiam ser artificiais, pois, uma vez destruídos eles jamais seriam recuperados; muito menos sob a dureza nórdica de um céu sombrio, entre a barbárie das organizações góticas, ou na frieza da erudição vazia".

Talvez, com algumas restrições, isso seja válido ao menos para uma parte das artes plásticas. Na verdade, parece que para as artes plásticas a falta de uma organização afortunada e um clima favorável não pode ser substituída nem por uma violenta alteração na liberdade ou pela mais alta cultura[60]. Todavia, estender esse princípio ao âmbito da poesia é injusto e depõe contra toda experiência. Quantos grandes bardos e poetas afortunados não existiram em todas as regiões cuja força do fogo originário não pode ser extinta nem pela mais severa opressão? A poesia é uma arte universal: pois seu órgão, a fantasia, encontra-se incomparavelmente mais próxima da liberdade, sendo mais independente de influências externas. A poesia e o gosto poético são mais corruptíveis do que as artes plásticas, todavia, também por essa razão são mais passíveis de aperfeiçoamento infinito. Com efeito, a tenra floração da fantasia é um precioso presente da natureza, e ao mesmo tempo o mais fugaz. Apenas com um único sopro envenenado o colorido da inocência se embota, e a bela flor abaixa sua cabeça murchando. Mas até mesmo quando a fantasia há tempos tenha sido sufocada e embotada pela erudição vazia, e debilitada e destruída pela voluptuosidade, ela pode se elevar novamente, aperfeiçoando-se gradualmente através do instinto de liberdade e da verdadeira formação.[61] A fantasia pode até alcançar novamente

[60] Como Schlegel afirmou anteriormente, a brusca ou violenta alteração na liberdade ocorre em consequência de uma revolução.

[61] "Em geral, o poder curativo moral da natureza humana é incrivelmente forte e não muito diferente da curiosa capacidade de algumas espécies de animais, cuja vigorosa força vital também repõe e regenera membros arrancados." (Nota de Schlegel.)

a força, o fogo, a elasticidade, mas o fresco colorido, o romântico aroma daquela primavera não retorna facilmente no outono.

Há outro preconceito muito difundido, o qual nega às belas artes até mesmo toda existência autônoma, toda consistência própria; nega inteiramente sua diferença específica. Eu receio que se certas pessoas pudessem pensar em voz alta, muitas vozes se levantariam dizendo: "A poesia nada mais é do que a linguagem infantil simbólica da humanidade em sua juventude: apenas um exercício preparatório para a ciência, invólucro do conhecimento, um complemento supérfluo do que é essencialmente bom e útil. Quanto mais elevada se torna a cultura, mas infinitamente se estende o âmbito do conhecimento claro; a verdadeira esfera da representação — o crepúsculo — se encolhe cada vez mais diante da luz que irrompe. Agora, o claro meio-dia do Esclarecimento [Aufklärung] encontra-se aqui. A poesia, essa elegante infantilidade, não é mais apropriada para a última década de nosso século filosófico. Chegou finalmente o tempo de parar com isso".

Assim, confundiu-se um elemento individual da bela arte, um estado passageiro em um estágio anterior de sua formação, com a própria essência dela. Enquanto houver natureza humana, o instinto de representação irá se fazer sentir e existirá a exigência do belo. Assim que se desenvolve livremente, a disposição do homem para criar arte é eterna. A arte é uma atividade inteiramente peculiar do espírito humano, a qual difere de qualquer outra por limites eternos.

Toda ação e sofrimento humanos são uma ação recíproca [*Wechselwirkung*] comum entre o espírito e a natureza.[62] Agora, ou a natureza ou o espírito é quem deve conter o fundamento último da existência de um produto individual comum, ou dar

[62] O conceito de efeito ou ação recíproca [*Wechselwirkung*] é derivado da filosofia de Fichte, como argumenta Izabela Kestler: "A ideia de uma relação recíproca [*Wechselwirkung*] entre liberdade e natureza, tomada de empréstimo a Fichte irá a seguir alicerçar a argumentação de Schlegel no sentido de que tem que haver uma história também com leis necessárias". KESTLER, Izabela Maria. "História e filosofia da história na obra do jovem Friedrich Schlegel". *Kriterion.* Belo Horizonte, 2008, nffl. 117, pp. 79-83.

o primeiro impulso determinante para a sua produção. No primeiro caso, o resultado é o conhecimento. O caráter da matéria bruta determina o caráter da diversidade apreendida; ele induz o espírito a combinar essa diversidade em uma unidade determinada, a continuar com a combinação em direção determinada e a completá-la para a perfeição. O conhecimento é um efeito da natureza no espírito. No segundo caso, ao contrário, a faculdade livre precisa dar a si mesma uma direção determinada; (nesse caso), o caráter da unidade escolhida determina o caráter da multiplicidade a escolher, a qual é então selecionada, organizada e, se possível, formada com esse fim. O produto é uma obra de arte e um efeito do espírito na natureza. Toda concretização de um objetivo humano que esteja unificada ao homem apenas de forma mediada [mittelbar], e que seja eterna na matéria da natureza externa pertence à arte representativa. Não se deve temer que essa matéria um dia acabe, ou que os fins eternos um dia deixem de ser os fins do homem.

Muito menos se deve temer que a beleza seja isolada de todos os demais aspectos do destino humano. A humanidade pura (entendo com isso o destino perfeito do gênero humano) é apenas uma e a mesma, sem divisões. Mas, em sua concretização na realidade ela se divide em muitas direções, de acordo com a eterna diversidade das capacidades e as condições originárias, e conforme os órgãos especiais que essas (capacidades e condições) demandam. Se posso pressupor aqui que a faculdade de sentir é especificamente diferente da faculdade de desejar, e que na natureza humana há um estado intermediário entre a força da lei e da necessidade, um estado de jogo livre e de determinabilidade indeterminada [*bestimmungslosen Bestimmbarkeit*], e que esse estado é tão necessário à natureza humana quanto o estado de trabalho obediente e da determinação limitada: então, a beleza é também uma dessas direções, ainda que especificamente diferente de seu gênero — toda a humanidade — assim como de suas formas secundárias, os demais aspectos originários da tarefa humana.

Mas não apenas a disposição para a arte e o preceito da beleza é que são física e moralmente necessários; os órgãos da bela arte também prometem permanência. Será que não se deve primeiramente provar que a aparência é uma companheira inseparável do homem? A luz do Esclarecimento [*Aufklärung*] pode até mesmo destruir a aparência de fraqueza, de equívoco, de necessidade, mas a aparência livre da imaginação lúdica não pode ser afetada por isso. Apenas não se deve atribuir uma classe especial de plasticidade a uma exigência de representação e manifestação; ou confundir as irrupções violentas das terríveis paixões dos homens primitivos com a essência da poesia. Na verdade, é muito natural e compreensível que em determinado ponto médio da formação artificial a cisma e a erudição vazia paralisem e sufoquem aqueles jogos leves da imaginação, e que o refinamento e a suavização desgastem e enfraqueçam o sentimento. Pressionada por uma arte imperfeita, a força do instinto se embota, sua vitalidade é aprisionada, seu movimento sensível é dissipado e confundido. Porém, a sensibilidade e a espiritualidade estão tão entrelaçadas no homem que seu desenvolvimento pode até divergir, mas apenas em algumas fases passageiras. No todo, esses aspectos caminham lado a lado; e a parte atrasada recuperará mais cedo ou mais tarde o que foi perdido. De fato, parece que quanto mais o homem desenvolve sua formação espiritual [*Geistesbildung*], ao invés de perder, mais ele ganha em força, excitabilidade do sentimento, ou seja, em autêntica vitalidade estética (paixão e encanto).

Parece incompreensível como os homens se convenceram de que a poesia italiana, a francesa e mesmo a alemã já tiveram sua Idade de Ouro. Essa expressão foi tão mal-empregada que apenas algumas exigências parecem ser suficientes para justificá-la, tais como a proteção real, uma quantidade de nomes famosos, um certo entusiasmo do público e quando muito ter alcançado o mais alto nível em alguma questão secundária. O ruim de tudo isso é que nada sobrou para as desafortunadas Idades de Prata, Ferro e Chumbo do que a triste sorte de aspirar em vão, com todas as suas forças, por aqueles eternos modelos. Como pode se tratar de uma questão de *estilo perfeito*, quando na verdade não há estilo algum, mas apenas *maneira* [*Manier*]?[63] No sentido estrito da palavra, não há uma única obra de arte moderna — e muito menos de uma época inteira — que tenha alcançado o auge da perfeição estética. O pressuposto tácito que fundamenta essa questão é o de que faz parte do destino da formação estética surgir como uma planta ou animal, desenvolver-se gradualmente, amadurecer, decair novamente e, finalmente, desaparecer, retornando em ciclos eternos para o ponto de onde partiu.[64] Esse pressuposto baseia-se em um simples equívoco, cuja origem mais profunda trataremos adiante.

No desenvolvimento de um conjunto tão colossal e artificialmente organizado como o sistema de povos europeus, não pode parecer extraordinário uma interrupção parcial, ou um aparente recuo de vez em quando. Mas é provavelmente quando se tem a certeza de que o desfecho chegou a seu termo, e que a força estética se extinguiu para sempre que se descobre que o drama está longe de acabar. Pelo contrário, ali a força parece arder como um fogo oculto por debaixo das cinzas, esperando apenas o momento propício para ressurgir em uma clara chama. É verdadeiramente maravilhoso como em nossa época a necessidade do *objetivo*

[63] Como foi assinalado, para Schlegel não é possível existir *estilo* entre os modernos, porque esse termo se refere à unidade do todo, do conjunto de uma obra, à universalidade na representação do belo, o que, para o crítico, não caracterizam a literatura moderna. A literatura dos modernos é caracterizada pela *maneira*, pelo individual e pelo reflexivo, o que aponta para as citadas questões de problematização da forma, da estrutura, da reflexão teórica, filosófica e existencial inserida na própria obra. Exemplos desse tipo de literatura na época de Schlegel são os romances de Friedrich Richter (Jean Paul), ou dele mesmo, como *Lucinde* ou *Conversa sobre a poesia.*.

[64] "O desenvolvimento da poesia natural obedece a um ciclo biológico, condicionado por um sistema circular como toda a natureza. A acepção da poesia dos antigos como uma poesia natural que tem o desenvolvimento similar ao de um organismo está relacionado ao denominado paradigma orgânico presente no século XVIII. Como afirma René Wellek, grande parte da influência na concepção e utilização desse paradigma orgânico advém de Johann Joachim Winckelmann." Cf. MEDEIROS, Constantino Luz. *A invenção da modernidade literária. Friedrich Schlegel e o romantismo alemão*, op. cit., p. 38.

faz-se sentir em toda parte; como a crença no belo desperta novamente, e como sintomas inequívocos anunciam a aproximação de um gosto mais refinado. De fato, parece que é chegado o momento de uma revolução estética, através da qual o *objetivo* poderia predominar na formação estética dos modernos.[65] Mas, sem força e determinação, nada do que é grande acontece por si mesmo! Seria um erro que custaria muito caro para nós mesmos se ficássemos de braços cruzados tentando nos convencer de que o gosto de nossa época não necessita absolutamente de nenhuma melhoria. Enquanto o *objetivo* não predominar universalmente, essa necessidade é auto evidente.

O predomínio do *interessante*, do característico e do amaneirado é uma verdadeira heteronomia estética na poesia.[66] Assim como todos os elementos da bela arte estão presentes na caótica anarquia do conjunto da poesia moderna, nela também se encontram todos os tipos de corrupção estética, até mesmo os que se opõem mutuamente: rudeza ao lado de artificialidade, débil mesquinhez ao lado de leviandade anárquica. Eu já me declarei explicitamente contra a afirmação de que a impotência é completa e a degeneração irremediável (na poesia moderna); e reconheci a magnitude da formação estética e o poder da força estética em nossa época. Falta apenas a direção apropriada e a disposição correta; e somente através delas e com elas é que cada aspecto da perfeição isolada — a qual pode ser muito nociva quando fora de seu verdadeiro contexto — pode

[65] Para Silvio Vietta, a denominada revolução estética de que trata Schlegel nesse trecho seria o resultado feliz de uma cadeia de revoluções, as quais começam no âmbito das ciências naturais, passando a seguir pela revolução epistemológica, a revolução econômica e a política. Cf. VIETTA, Silvio. "Theorie der ästhetischen Revolution der Frühromantik im Kontext der anderen Revolutionen der Moderne". In: VIEWEG, Klaus. *Friedrich Schlegel und Friedrich Nietzsche. Transzendental Poesie oder Dichtkunst mit Begriffen.* Paderborn: Ferdinand Schöningh, 2009, p. 24.

[66] Kant introduziu o termo heteronomia como contraposto ao conceito de autonomia: "Kant contrapõe a autonomia à heteronomia, em que a vontade é determinada pelos objetos da faculdade de desejar. Os ideais morais de felicidade ou perfeição supõem a heteronomia da vontade porque supõem que ela seja determinada pelo desejo de alcançá-los e não por uma lei sua". ABBAGNANO, Nicola. *Dicionário de filosofia.* Alfredo Bosi (Trad.). São Paulo: Martins Fontes, 2007, p. 111.

conservar todo o seu valor e seu verdadeiro significado. Para isso, é necessária uma completa reorganização, uma mudança total, uma revolução.

De certo modo, a formação estética é de dois tipos: ou é o desenvolvimento progressivo de uma habilidade. (Nesse caso) ela amplia, aguça, refina e até mesmo reaviva, fortalece e eleva a disposição originária. Ou é uma legislação absoluta, a qual organiza a força. (Nesse caso) ela suspende o conflito de belezas isoladas, exigindo a concordância de todas de acordo com a necessidade do todo; ela impõe rigorosa correção, harmonia e perfeição, proíbe a confusão dos limites estéticos originários e expulsa o amaneirado, como o faz toda heteronomia estética. Em uma palavra: sua obra é a objetividade.

A revolução estética pressupõe dois postulados necessários como condição preliminar de sua possibilidade. O primeiro deles é força estética. Não é apenas o gênio do artista, a força original de representações ideais e a energia estética que não se deixam adquirir ou substituir. Há também um dom natural, originário, do verdadeiro conhecedor de arte, o qual, se já existe, pode ser desenvolvido de múltiplas maneiras, mas, quando está ausente, não pode ser substituído por nenhuma formação. O olhar certeiro, o tato seguro, a elevada excitabilidade do sentimento, e a receptividade superior da imaginação não se deixam aprender e nem ensinar. Além disso, mesmo a disposição mais afortunada não é suficiente para (ser) um grande artista ou um grande conhecedor de arte. Sem força e amplitude da faculdade moral, sem harmonia em todo o espírito, ou pelo menos alguma tendência constante para isso, ninguém conseguirá chegar ao (lugar) mais sagrado do templo das Musas. Por essa razão, o segundo postulado necessário (da revolução estética) para cada artista e conhecedor de arte, assim como para o conjunto do público, é a moralidade. O gosto correto, poderíamos dizer, é o sentimento formado de um espírito moralmente bom. Por outro lado, é impossível que o gosto de um homem mal possa estar correto e em harmonia consigo mesmo.

Nesse sentido, os estoicos não deixavam de ter razão quando afirmavam que apenas o sábio pode ser um perfeito poeta e conhecedor de arte. É certo que o homem tem a capacidade de orientar e organizar a multiplicidade de forças de seu espírito através da simples liberdade. Assim, ele também poderá dar uma direção mais apropriada e a disposição correta à sua força estética. Mas ele deve querer isso. Se não tiver dentro de si, ninguém pode lhe dar a força para querer e a autonomia para perseverar nessa decisão.

É claro que a mera boa vontade não é suficiente, assim como apenas o fundamento não basta para a construção de um edifício. Uma força degenerada e em desarmonia consigo mesma necessita de crítica, de moderação, e esta pressupõe uma legislação [*Gesetzgebung*]. Uma legislação estética perfeita seria o primeiro órgão da revolução estética. Sua destinação seria orientar a força cega, equilibrar o que se encontra em conflito, organizar o anárquico em direção à harmonia, fornecendo à formação estética a base firme, a direção segura e a disposição regular. Todavia, não é preciso procurar muito pela força legisladora da formação estética dos modernos. Ela já existe. É a teoria: pois o entendimento foi desde o início o princípio condutor dessa formação. Conceitos equivocados dominaram a arte por muito tempo, extraviando-a; porém, conceitos corretos devem levá-la de volta à rota certa.

Desde sempre, os artistas e o público da arte moderna esperaram e exigiram da teoria a indicação da correta direção e leis satisfatórias. A teoria estética perfeita e acabada não seria apenas um orientador confiável para a formação, mas também libertaria a força (estética) de algumas de suas amarras, ao eliminar preconceitos nocivos, e retirar os perigos do caminho. Mas, apenas na medida em que são reconhecidas e sancionadas pela maioria da opinião pública é que as leis da teoria estética têm verdadeira autoridade. Se a característica da época é a necessidade de verdade universal, então o prestígio obtido por estratagemas retóricos terá vida breve, pois, inverdades parciais destroem-se mutuamente, e preconceitos caducos desmoronam por si mesmos. Então, em perfeita e livre harmonia consigo mesma, a teoria proporcionará às suas leis a mais respeitável reputação, elevando-se a um verdadeiro poder público.[67] Apenas através da objetividade é que ela pode cumprir sua destinação.

Vamos supor que já existisse uma teoria estética, o que é o máximo do qual podemos nos gabar até o momento. A ciência pura determina apenas a organização da experiência, os campos para o conteúdo da intuição.[68] Sozinha, ela seria vazia — assim como a experiência sozinha seria confusa, sem sentido e objetivo — e apenas unida a uma história perfeita é que poderia ensinar integralmente a natureza da arte e de suas espécies. A ciência necessita da experiência de uma arte que seja um exemplo totalmente perfeito de seu gênero, arte *kat exochen*[69] [por excelência], cuja história especial seja a história natural universal da arte.

Além disso, o pensador não chega à investigação científica em estado inocente e incólume. Ele se encontra contagiado pela influência de experiências equivocadas, trazendo consigo preconceitos os quais podem dar uma orientação inteiramente falsa para suas investigações, até mesmo no campo da abstração pura. Mesmo possuindo o mais honesto fervor, não se encontra em suas mãos o poder de renunciar a esses poderosos preconceitos de uma vez, pois, ele já deveria ter compreendido a verdade pura para notar o fundamento do erro, e saber quão equivocado é seu método.[70] Assim, por uma dupla razão, ele necessita de uma intuição perfeita

[67] O conceito de revolução estética de Schlegel ecoa as novas advindas do outro lado do Rio Reno. Ao afirmar que a revolução estética deve "elevar-se a um verdadeiro poder público", Schlegel (assim como Schiller em sua crença na formação estético-sentimental do homem) indica que o verdadeiro poder público deveria estar em consonância com as leis morais do homem. A revolução estética postulada por Schlegel deveria se concretizar não apenas no âmbito das artes, mas espraiar suas determinações por todas as instituições do homem.

[68] Sobre os conceitos de intuição e intuição intelectual em Schlegel, ver a apresentação desta tradução.

[69] *Kat exochen,* "por excelência" em grego no original.

[70] *Verum est index sui et falsi* [a verdade é o index de si mesma e do que é falso] afirma Espinosa. (Nota de Schlegel.)

[*vollkommen Anschauung*]; em parte, como exemplo e justificativa de seu conceito; em parte, como fato e testemunho de sua investigação. Mas a lacuna entre teoria e prática, entre a lei e o fato isolado é infinitamente grande. Seria muito fácil se o artista conseguisse realmente produzir o belo mais elevado em suas obras apenas através dos conceitos de gosto correto e de estilo perfeito. A lei deve tornar-se inclinação. A vida só vem da vida. Força gera força. A lei pura é vazia; para que seja preenchida e para que sua real aplicação seja possível, ela necessita de uma intuição na qual o mais elevado arquétipo estético apareça visivelmente, de um modo perfeitamente regular.

A própria palavra "imitação" [*Nachahmung*] é infame; foi estigmatizada por todos aqueles que acreditam ser gênios originais. O que se entende por esse termo é a violência que a natureza grande e forte exerce sobre o fraco. Mas eu não conheço outra palavra a não ser *imitação* para a ação de quem — seja artista ou conhecedor de arte — se apropria da regularidade daquele protótipo, sem se deixar limitar pela singularidade que a figura exterior, o invólucro do espírito universal, pode carregar consigo. É evidente que essa imitação é absolutamente impossível sem a mais elevada autonomia. Falo daquela comunicação do belo, através da qual o conhecedor da arte toca o artista, e o artista toca a divindade, como o imã que não apenas atrai o ferro, mas, através de seu contato, transmite-lhe a força magnética.

Será que a divindade também caminha em forma terrena? Pode o limitado jamais ser completo, o finito ser perfeito e acabado, o individual ser universal? Há entre os homens uma arte que mereça pura e simplesmente ser chamada de arte? Há obras mortais nas quais a lei da eternidade seja visível?

Com majestade judicial, a Musa abrange com sua vista o livro das épocas, a assembleia dos povos. Seu olhar severo encontra em toda parte apenas a alternância constante de grosseria e afetação, pobreza e licenciosidade. De vez em quando, um sorriso delicado em razão dos amáveis jogos da inocência infantil alegra sua seriedade indignada.

Apenas entre um povo é que a bela arte correspondeu à elevada dignidade de sua destinação. Apenas entre os gregos é que a arte sempre esteve livre da força da necessidade e do domínio do entendimento; seus belos jogos eram sagrados, desde o princípio da formação grega até o último momento quando ainda persistia um hálito de autêntico espírito grego.

Essa sacralidade dos belos jogos e a liberdade da arte da representação são os verdadeiros traços característicos do autêntico sentimento grego [*Griechheit*].[71] Por outro lado, para os bárbaros apenas a beleza em si não é o suficiente. Sem o sentido para a utilidade absoluta de seu jogo inútil,[72] entre eles a beleza requer um auxílio exterior, uma recomendação externa. Entre aqueles que não são gregos, sejam grosseiros ou refinados, a arte é apenas uma escrava da sensibilidade ou da razão. Apenas através de um conteúdo notável, rico, novo ou especial, ou de matéria voluptuosa é que uma representação lhes parece importante.

Já no primeiro estágio da formação, e ainda sob a tutela da natureza, a poesia grega abrangia o todo da natureza humana em completude uniforme, no mais feliz equilíbrio e sem direção parcial ou desvios exagerados. Seu crescimento vigoroso logo se transformou em autonomia, chegando ao ponto no qual o ânimo — em sua luta com a natureza — adquiriu importante preponderância; sua Idade de Ouro alcançou o mais alto grau de idealidade e de beleza (a completa autodeterminação da arte) que se pode alcançar em qualquer formação natural. Sua singularidade é o decalque mais vigoroso, puro, determinado, simples e completo da natureza humana universal. A

[71] Schlegel retoma o *topos* da arte como algo sagrado entre os gregos, como já demonstrara em outro escrito do ano de 1794, "Sobre o valor estético da comédia grega", no qual afirma que para os gregos nada é mais sagrado do que uma bela comédia: "Os gregos consideravam a alegria sagrada, como a energia vital. De acordo com suas crenças, os deuses também amavam o chiste. Sua comédia é um êxtase de felicidade, e, ao mesmo tempo, uma efusão de entusiasmo sagrado". Cf. SCHLEGEL, Friedrich. "Sobre o valor estético da comédia grega". Constantino Luz de Medeiros (Trad.). *Em Tese*. Belo Horizonte, v. 22, n. 2, maio-ago., 2016, pp. 125-133.

[72] Buscou-se manter o jogo do original em torno da palavra *Zweck* [objetivo, fim, utilidade]: *die unbedingt zweckmaßigkeit ihres zwecklosen Spiels.*

história da poesia grega é uma história natural universal da poesia. Uma legislação perfeita e legisladora.[73]

Na Grécia, a beleza cresceu sem cuidados artificiais e, de certa forma, selvagem. Sob esse céu afortunado, a arte da representação não foi uma habilidade aprendida, mas a natureza original. Sua formação nada mais foi do que o desenvolvimento mais livre da disposição mais propícia. A poesia grega principia na mais crua simplicidade, mas essa origem precária não a desonra. Seu caráter mais antigo é simples e destituído de pompa, mas incorrupto. Aqui, não se pode encontrar as fantasias insípidas ou a imitação equivocada de um caráter nacional estrangeiro, e nem a parcialidade excêntrica, imóvel e insuperável. Aqui, o arbítrio de conceitos equivocados não pode paralisar o livre crescimento da natureza, dilacerar e destruir sua harmonia, falsificar sua simplicidade ou distorcer a trajetória e a direção da formação. Desde cedo, em razão de um não-sei-quê, a poesia grega se diferenciava de todas as outras poesias nacionais (que) se encontravam em um mesmo nível inicial de cultura. Distanciada do estilo empolado oriental e da melancolia nórdica, ela é vigorosa, mas sem dureza, graciosa, porém sem excesso de delicadeza; mais do que qualquer outra, ela se diferencia por ser puramente humana, e fiel à lei universal por sua própria inclinação. Já na mais tenra infância anuncia-se a sua mais elevada vocação de representar não o acidental, mas o essencial e o necessário, e de aspirar não ao individual, mas ao universal. Ela também teve sua *origem mítica*, como todo desenvolvimento livre da faculdade poética. Durante a primeira época de seu desenvolvimento, a poesia grega oscilou entre a bela arte e a lenda. Era uma mistura indeterminada de tradição e de invenção, de doutrina figurativa, história e jogo livre. Mas que lenda! Nunca houve lenda mais engenhosa ou

[73] Essa afirmação de Schlegel surge em diversos outros escritos nos quais o estudioso alemão busca demonstrar que para compreender a literatura dos modernos é preciso observar a trajetória [*Gang*] de sua formação.

moral. O *mito grego* — como o mais fiel reflexo no mais claro espelho — é a linguagem figurativa mais precisa e delicada para todos os desejos eternos do espírito humano, com todas as suas contradições mais maravilhosas e necessárias; é um pequeno e completo universo dos mais belos pressentimentos da razão poetizante infantil [*kindlich dichtenden Vernunft*].[74] Poesia, canto, dança e sociabilidade: a *alegria festiva* era o laço feliz da comunidade, aproximando homens e deuses. De fato, o sentido de suas lendas, costumes — especialmente de suas festividades, (assim como) o objeto de suas adorações — era o autenticamente divino, a mais pura humanidade. Em imagens encantadoras, os gregos adoraram a plenitude livre, a força autônoma e a harmonia regular.

Através de uma confluência, única em seu gênero, das condições mais afortunadas, a natureza favoreceu extremamente seus filhos prediletos.[75] A formação humana é frequentemente abandonada à própria fraqueza e a toda sorte de infortúnios, sem maiores cuidados, logo após seu surgimento inicial, enquanto ela ainda é muito fraca para resistir afortunadamente à dura luta contra o destino. Na verdade, um povo deve se sentir mesmo afortunado se for capaz de alcançar uma altura significativa em uma formação parcial apenas em razão de suas condições favoráveis. Entre os gregos, já a primeira fase da formação unificava e

[74] Há certo paralelo na compreensão que Schlegel tem da poesia como algo que enlaça deuses e homens, e mesmo seu conceito de "razão poetizante", e a visão de Giambattista Vico sobre os primeiros poetas como demiurgos, criadores de mundos: "Deste modo, os primeiros homens das nações gentias, como crianças do nascente gênero humano, criavam as coisas a partir de suas ideias [...] Pois são os três trabalhos que deve fazer a grande poesia, isto é, encontrar fábulas sublimes apropriadas ao entendimento popular e que perturbem excessivamente, para conseguir o fim, a que ela se propôs, de ensinar o vulgo e agir virtuosamente [...] E desta natureza das coisas humanas quedou uma propriedade eterna". VICO, Giambattista. *Ciência Nova.* Jorge Vaz de Carvalho (Trad.). Lisboa: Fundação Calouste Gulbenkian, 2005, p. 213.

[75] Schlegel aproxima novamente sua visão da poesia grega daquela Winckelmann tinha sobre a escultura grega: "A origem e a razão do privilégio que a arte recebeu entre os gregos deve ser atribuída em parte à influência do clima, e em parte à constituição e ao governo, ao modo de pensar decorrente deles, assim como não menos à atenção dos artistas, aos costumes e à aplicação da arte entre os gregos". WICKELMANN, Johann Joachim. *Geschichte der Kunst des Altertums.* Wien: Phaidon Verlag, 1934, p. 128.

abrangia o que, em outros casos, incluindo na fase mais elevada, costumava existir apenas separado e isolado. Assim como no ânimo de Diomedes, em Homero, todas as forças concordam proporcionalmente e na mais alta harmonia em um equilíbrio perfeito: aqui, toda a humanidade também se desenvolve de uma forma proporcional, uniforme e completa. Já nas épocas heroicas da arte mítica, a poesia natural grega unificava a mais bela floração da mais nobre poesia natural nórdica com a mais terna poesia natural meridional, sendo a mais perfeita e acabada em seu gênero.

Homero agrada a muitos, mas apenas poucos compreendem sua verdadeira beleza. Assim como muitos viajantes procuram em terras distantes o que poderiam facilmente encontrar em sua terra natal, não raramente admira-se em Homero apenas aquilo que o aproxima a qualquer um dos melhores bárbaros do Norte ou do Sul, desde que seja um grande poeta. Todavia, aquilo que torna Homero único é raramente percebido; normalmente sequer chega a ser notado. A verdade fiel, a força originária, a graça simples, a naturalidade encantadora são qualidades as quais o bardo grego talvez partilhe com um ou outro de seus irmãos hindus ou celtas. Mas, há outros traços característicos da poesia homérica que são únicos no poeta grego.

Um desses traços gregos é a completude da visão (de Homero) de toda a natureza humana, a qual, em sua afortunada simetria e no perfeito equilíbrio, distancia-se inteiramente da limitação parcial de uma disposição irregular e do equívoco da má-formação artificial. O alcance de sua poesia é tão ilimitado quanto o próprio alcance da natureza humana. Os objetivos mais extremos das múltiplas direções — cujas sementes originárias se encontram ocultos na natureza geral da humanidade — aproximam-se amigavelmente aqui, como em um jogo espontâneo e infantil. Sua representação serena e pura unifica a força encantadora com a tranquilidade interior, a mais perfeita determinação com a mais branda ternura dos contornos.

Nos costumes de seus heróis, a força e o encanto encontram-se em harmonia. Eles são fortes, mas não rudes; suaves sem ser afetados; espirituosos sem ser indiferentes. Embora Aquiles seja mais temível em sua ira do que um leão em luta, ainda assim ele conhece as lágrimas da terna dor no peito fiel de uma mãe amável; e afasta sua solidão com o suave prazer de um doce canto. Com um suspiro comovente, ele se recorda de seus próprios equívocos: a monstruosa calamidade causada pela teimosa arrogância de um rei orgulhoso e a ira repentina de um jovem herói. Com arrebatadora melancolia ele oferece uma mecha de cabelo no túmulo do querido amigo.[76] Nos braços de um venerável ancião — o pai de seu odiado inimigo, a quem ele próprio trouxera a desfortuna — ele é capaz de derramar lágrimas da mais profunda comoção.[77] Os traços gerais de um caráter como Aquiles poderiam talvez ter surgido na fantasia de um Homero nórdico ou meridional, mas esses traços mais delicados da formação somente foram possíveis aos gregos. Apenas o grego podia unir e fundir essa excitabilidade inflamável, essa terrível elasticidade — como a de um jovem leão — com tanto espírito, moralidade, sentimento. Mesmo em meio ao campo de batalha, quando a ira o arrasta, e, impassível perante as súplicas do jovem, ele atravessa o peito do inimigo vencido, ainda assim ele permanece humano e até mesmo amável, acalmando-nos mediante uma adorável e enternecedora reflexão.[78] Mas, já em sua composição original, o caráter de Diomedes é inteiramente grego. Em sua grandeza serena,[79] em sua modesta perfeição, o espírito do próprio poeta reflete-se da forma mais clara e pura.

[76] Homero. *Ilíada.* XXIII, 141-153. No referido trecho, tocado pela morte de Pátroclo, Áquiles resolve ofertar a cabeleira que estava destinada (pelo pai) a uma consagração ao Rio Esperqueio quando retornasse à sua terra natal.

[77] Homero. *Ilíada.* XXIV, 508-516.

[78] Homero. *Ilíada.* XXI, 99-113. Todo o trecho remete ao estoicismo moral de Winckelmann e sua visão idealizada do homem grego como uma alma magnânima e superior; um homem capaz de filosofar mesmo em face das mais terríveis batalhas. Lessing em seu *Laocoonte* critica essa visão que Winckelmann possuía sobre os gregos.

[79] Em alemão "*Stille Große*". Schlegel utiliza a mesma expressão imortalizada por Winckelmann na passagem em que analisa a estatuária do Laocoonte: "O caráter geral, que antes de tudo distingue as obras-primas gregas, é uma nobre simplicidade e uma

Os heróis homéricos, como o próprio poeta distinguem-se de todos os heróis e bardos não-gregos por uma humanidade mais livre. Em qualquer situação e estado de espírito, o poeta aspira, sempre que o contexto o permite, por aquela beleza moral de que é capaz a época infantil de sensibilidade inocente. A força moral e a plenitude predominam na poesia de Homero; onde quer que se encontrem, a unidade moral e a constância não são obra autônoma do espírito, mas o produto feliz da natureza formadora. Mas não é apenas a força poderosa e o prazer sensual que despertam e prendem seu espírito. O encanto modesto da tranquila vida doméstica, principalmente na *Odisseia*, o começo de uma sensibilidade burguesa [*Bürgersinns*], e os primeiros indícios de uma bela sociabilidade não são os menores méritos dos gregos.

Compare-se a isso a insípida monotonia da cavalaria bárbara! No cavaleiro moderno da poesia romântica, o heroísmo está tão distorcido pelos conceitos mais extravagantes, nas mais estranhas figuras e movimentos, que restaram apenas poucos vestígios até mesmo da magia original da vida livre do herói. Ao invés de costumes e sentimentos, aqui encontram-se apenas conceitos áridos e preconceitos embotados; ao invés da plenitude livre, uma confusa pobreza, ao invés da força viva, uma massa inânime. Compare isso àquelas representações nas quais até o mais ínfimo átomo de vida sublime arde; compare aos heróis homéricos, cuja formação é tão verdadeiramente humana, como apenas a formação heroica pode ser. Em seu espírito, o conjunto ativo (da existência) não se encontra separado, mas inteiramente relacionado: ideias e desejos encontram-se aqui intimamente fundidos; todas as partes concordam na mais perfeita harmonia, e a plenitude da força original se organiza docilmente em um todo satisfatório.

Chama-se frequentemente a isso "consideração": mimar os sentidos e, assim, profanar a dignidade da humanidade, não se

grandeza serena tanto na atitude quanto na expressão", WINCKELMANN, Johann Joachim. *Gedanken über die Nachahmung der griechische Werke in der Malerei und Bildhauerkunst.* Stuttgart: Philipp Reclam Jun. 2003, p. 20.

reconhecendo outra destinação para a arte que não seja lisonjear a animalidade. Há, todavia, outra qualidade com nome semelhante que teme machucar o espírito: *consideração moral*. Em poesias não-gregas, nossos sentimentos são frequentemente ofendidos por um não-sei-quê, até mesmo ali onde a mais delicada floração da mais refinada sensibilidade exala seu perfume mais fresco, até mesmo onde o refinamento do espírito alcançou o nível mais elevado. Na verdade, nenhuma obra bárbara está totalmente livre de tudo aquilo que indignaria o autêntico sentido grego. Essa gente parece não suspeitar que o desprazer tem como consequência imediata a destruição do belo; que a maldade desnecessária é o maior equívoco pelo qual se pode culpar um poeta. O músico que sem motivo concluísse sua obra com uma dissonância não resolvida seria repreendido, mas se perdoa ou até se admira o poeta que, sem sentido para a harmonia do todo, fere o ouvido delicado do ânimo com as mais estridentes dissonâncias. Em Homero, ao contrário, cada situação inconveniente é preparada e resolvida.[80] Em um momento de impertinência juvenil, Pátroclo nos reconcilia com sua morte, e o que poderia ter sido um amargo descontentamento torna-se uma terna comoção. A arrogância de Heitor é uma preparação para sua queda. Se a ira excessiva de Aquiles não o tivesse atraído até o momento da selvageria e da injustiça, então, a ofensa que sofreu, a perda do amigo, sua dor, a brevidade inalterável de sua gloriosa vida não feriria tão profundamente nosso espírito, preenchendo-o de amargura. A força tranquila da impassibilidade sábia de Diomedes corresponde à pureza uniforme e imperturbável de sua fortuna, e à sua não cobiçada fama. Assim como o pai dos deuses traça pensativo o destino dos guerreiros nos pratos decisivos da balança, Homero deixa seus heróis sucumbirem ou se elevarem com sabedoria artística, não por capricho ou pelo acaso, mas de acordo com as sagradas decisões da humanidade mais pura.

[80] A análise de Schlegel aponta para algo que mais tarde Erich Auerbach também indicaria: que não há espaço para segundos planos, não se deixa nada em aberto em Homero. Cf. AUERBACH, Erich. *Mimesis. A representação da realidade na literatura ocidental*. São Paulo: Perspectiva, 2004.

Mas, não se deve pensar que o que era digno de imitação na poesia grega é o privilégio de alguns gênios escolhidos, como ocorre em toda originalidade perfeita dos modernos. Se assim fosse, o meramente individual não seria digno de imitação, e não seria possível apropriar-se inteiramente dele: pois apenas o que é universal é lei e arquétipo para todas as épocas e povos. A beleza grega era um bem comum do gosto público, o espírito de toda a massa. Mesmo aqueles poemas que revelam pouca sabedoria artística e reduzida capacidade inventiva são pensados, planejados e executados no mesmo espírito, cujos traços podemos ler de forma mais clara e definida em Homero e em outros poetas de primeira ordem. Como as melhores obras gregas, eles se distinguem de todos os poemas não-gregos pelas mesmas qualidades.

A poesia grega tem suas peculiaridades, as quais são muitas vezes bastante excêntricas: pois, embora a cultura grega seja puramente humana, sua forma exterior pode variar bastante; talvez isso seja assim porque o espírito é tão fiel à lei universalmente válida. A maioria desses paradoxos estéticos são apenas aparentes, contendo um grande sentido. Assim são o drama satírico, o ditirambo, o coro lírico dos dórios e o coro dramático dos atenienses. Apenas em razão do total desconhecimento da verdadeira natureza da arte e de seus gêneros é que se tem considerado tais especificidades como meramente individuais, contentando-se com a gênese histórica das mesmas. Além disso, os fatos possuem lacunas, assim, enquanto não se conhecerem as leis necessárias da formação artística se continuará a tatear às escuras na história da arte, e não se terá um fio condutor para deduzir o desconhecido a partir do conhecido.[81]

[81] O trecho busca compreender o todo da cultura e da formação gregas a partir não apenas de sua arte, mas de suas instituições e de sua vida social. Como demonstra Charles I. Amstrong, a concepção kantiana da unidade orgânica fundamenta essa visão de Schlegel sobre a arte dos antigos: "A poesia dos gregos é uma organização maravilhosa, na qual mesmo a mais ínfima parte recebe a necessidade de sua existência, autonomia e liberdade através das leis que regem o todo. Essa estrutura segue os pré-requisitos kantianos para uma unidade orgânica". Cf. AMSTRONG, Charles I. *Romantic organicism. From idealist origins to ambivalent afterlife.* Nova York: Palgrave Macmillan, 2003, p. 36.

Se analisássemos completamente o caráter dessas anomalias de acordo com princípios e conceitos seguros, ficaríamos surpresos com o resultado da dedução filosófica, pois, reencontraríamos também aqui a completa objetividade da poesia grega. A poesia grega manteve sua constante tendência à objetividade até mesmo na época na qual todo o seu conjunto se ramificava em várias direções claramente distintas, como os diversos galhos de um mesmo tronco; quando sua extensão se limitava ao mesmo tempo em que sua força aumentava: até mesmo no gênero lírico, cuja verdadeira matéria é a *bela singularidade*, ela (a poesia grega) manteve essa tendência ao objetivo através do tipo e do espírito de representação, a qual — enquanto os limites específicos de sua direção singular e sua matéria permitirem — aproxima-se daquilo que é puramente humano, eleva até mesmo o individual ao universal, e representa no singular apenas o que tem validade universal [*Allgemeingültig*].

A poesia grega decaiu profundamente, até se degenerar por completo. Todavia, até mesmo no mais extremo declínio ela manteve traços daquela universalidade, até que deixou completamente de ter um caráter específico. Nesse sentido, o sentimento grego [*Griechheit*] nada mais é do que uma humanidade mais elevada, mais pura! Na época da poesia erudita não havia nem moral pública e nem gosto público. Os poemas dos alexandrinos não possuem moral verdadeira, nem espírito ou vida; são frios, mortos pobres e pesados. Ao invés de uma organização perfeita e da viva unidade do todo, essas degenerações foram remendadas a partir de fragmentos isolados. Elas contêm apenas traços belos isolados, nenhuma beleza perfeita e completa. Ainda assim, sua representação diligente contém — na precisão elaborada e refinada, na liberdade total de complementos impuros da subjetividade, de erros técnicos resultantes de misturas monstruosas e de falsidades poéticas — uma suprema perfeição natural em seu gênero, ainda que esse seja censurável; possui um certo não-sei-quê clássico, que não é muito dessemelhante do que conhecedores da escultura e da pintura gregas identificam em resquícios das artes plásticas mesmo das piores épocas, ou da mão dos mais medíocres artistas. O adorno mais afetado e sobrecarregado pertence ao mau gosto geral da época. Os erros na execução podem ser atribuídos aos ignorantes. É apenas o espírito no qual a obra foi pensada, projetada e desenvolvida que contém ao menos traços do ideal perfeito, o qual é a lei válida e o arquétipo universal para todas as épocas e povos. Desse modo, é possível encontrar em Apolônio detalhes verdadeiramente clássicos, e deparar-se, aqui e acolá, com recordações da antiga divindade da poesia grega.[82] Tais traços são: a modéstia do heroico Jasão e seu silêncio meditativo em face da grande expedição da legião de heróis, assim como na perda de Hércules; a fina caracterização de Télamo, Hércules, Idas e Idmon; o amável jogo de amor entre Amor e Ganímedes; a graça que se estende por todo o episódio de Medeia e Hipsipile. A precisão aguda, a refinada ternura, o caráter mais trabalhado de sua zelosa obra — qualidades as quais ele (Apolônio) possui em maior quantidade do que os mais eruditos de todos os poetas romanos — são muitos dos vestígios que restaram da autêntica cultura grega.

O destino não apenas formou os gregos para o que de mais elevado pode ser um filho da natureza, como também não lhe privou do cuidado materno até que a cultura grega fosse independente e adulta, e não precisasse mais de ajuda e orientação alheias. Com esse passo decisivo, através do qual a liberdade pode predominar sobre a natureza, o homem adentrou uma ordem inteiramente nova das coisas, começando uma nova fase de seu desenvolvimento. A partir de então, ele mesmo determina, direciona e organiza suas forças, desenvolvendo suas habilidades de acordo com as leis interiores de seu espírito. Agora, a beleza da arte já não é mais um presente da natureza, mas obra dele mesmo, propriedade de seu espírito. O espiritual predomina sobre o sensual; (agora) é o homem quem determina de forma independente a direção de seu

[82] Apolônio de Rodes (295-215 a.C.), poeta alexandrino, autor das *Argonáuticas*, obra que aborda Jasão e os argonautas.

gosto e organiza a representação. Ele não mais se adequa apenas ao que é dado, mas produz o belo de um modo autônomo. E se o primeiro uso da emancipação limita a extensão da arte a uma direção especificamente determinada, essa perda é compensada pela força interior e a grandeza do vigor concentrado.

A era épica da poesia grega pode ainda ser comparada com a de outras poesias nacionais. No entanto, na época lírica ela se encontra sozinha. Apenas a poesia grega alcançou, em sua totalidade, o estágio de formação caracterizado pela autonomia, e apenas nela é que o belo ideal se tornou público. Por mais numerosos e brilhantes que sejam os exemplos na poesia moderna, ainda assim eles são apenas exceções; o conjunto permanece muito aquém daquele estágio (de autonomia), o que, inclusive, até mesmo desvirtua essas exceções. Em razão da predominante descrença na beleza divina, essa desconhecida (poesia) perde sua confiança natural, e a luta que deveria corroborar sua validade acaba por profaná-la não menos do que o orgulho misantropo, o qual precisa substituir o prazer na comunicação. Desde sempre, muitos povos superaram os gregos em habilidade e, por isso, não compreenderam a altura da verdadeira cultura grega. Mas, habilidades são apenas complementos necessários da cultura, instrumentos da liberdade. Apenas o desenvolvimento da humanidade pura é a verdadeira formação. Onde a humanidade livre alcançou uma preponderância tão geral no todo de seu povo a não ser entre os gregos? Onde a cultura foi tão autêntica e a autêntica cultura tão pública? Na verdade, quase não há outro espetáculo mais sublime em toda a trajetória da história humana do que aquele grande momento, em que — de repente e, como que por si mesmo, através do mero desenvolvimento da força ativa interior — surgiu o republicanismo nas instituições gregas, o entusiasmo e a sabedoria nos costumes; a coerência lógica e sistemática nas ciências (ao invés da organização mítica da fantasia), e o ideal nas artes gregas.

Se a liberdade predominar sobre a natureza, a formação livre e abandonada a si mesma deve continuar a mover-se na direção já tomada, elevando-se cada vez mais, até que sua trajetória seja impedida por alguma força exterior, ou até que, em razão da mera evolução interior, altere-se novamente a relação entre natureza e liberdade. Se todo instinto humano composto não for o único princípio motor da formação, mas também seu princípio condutor, se a formação for natural e não artificial, se a disposição originária for a mais afortunada e as condições exteriores perfeitas: então, todos os elementos da força que aspira [*Strebende Kraft*] da humanidade em formação crescem e se aperfeiçoam de maneira uniforme, até que a progressão tenha alcançado o momento no qual a plenitude não pode aumentar sem que, com isso, separe e destrua a harmonia do todo.[83]

Se a mais alta formação do gênero mais acabado da arte mais perfeita coincide com o momento mais propício na corrente do gosto público; se o grande artista merece o favor do destino e sabe preencher dignamente os contornos indefinidos que a necessidade desenhou, então a meta extrema que a bela arte pode atingir será alcançada através do mais livre desenvolvimento das disposições mais felizes.

A poesia grega realmente alcançou esse último limite da formação natural da arte e do gosto, esse auge supremo da beleza livre. Chama-se de perfeição ao estado de formação em que a força interior que aspira se desenvolveu por completo, quando o propósito foi inteiramente alcançado e nenhuma expectativa permaneceu frustrada na perfeição uniforme do todo. Quando surge de forma completa e simultânea, esse estado se chama Idade de Ouro. O prazer que as obras da Idade de Ouro da arte grega proporcionam pode até ser suscetível de aumento, embora não haja nada que o perturbe e nem essa necessidade, já que é perfeito e autossuficiente. Não conheço outro nome para essa grandeza do que o sumo belo. Não é apenas um belo do qual não se pode pensar

[83] Aqui e nos trechos posteriores, Schlegel acompanha o texto de Fichte sobre a destinação (*Bestimmung*) do ser humano. Cf. FICHTE, Johann Gottlieb. "Die bestimmung des Menschen". In: *Fichtes Werke*. Berlim: Walter de Gruyter, 1971.

nada mais belo, mas o exemplo perfeito da Ideia inalcançável, que, por assim dizer, se torna aqui visível: *o arquétipo da arte e do gosto*.[84]

A única medida com a qual poderíamos comparar o supremo auge da poesia grega são os limites de toda arte. "Mas por que?", se poderá perguntar, "A arte não é capaz de aperfeiçoamento infinito? Há limites para a sua formação progressiva?".

A arte é infinitamente perfectível, e um *maximum* absoluto não é possível em sua evolução constante: mas é possível um *maximum* relativo condicionado, uma aproximação fixa insuperável.[85] A tarefa da arte é composta por dois elementos de classes inteiramente diversas: em parte, leis determinadas, as quais ou são cumpridas por completo, ou descumpridas por completo; em parte, exigências insaciáveis e indeterminadas, cuja suprema satisfação também permite complemento. Toda força realmente presente pode se intensificar, e toda perfeição real e finita é passível de crescimento infinito. Mas, quando se trata de relações, não pode existir (a categoria) mais ou menos; a regularidade de um objeto não pode ser aumentada e nem diminuída. Assim, individualmente, todos os verdadeiros elementos da bela arte são igualmente capazes de crescimento infinito; mas, na composição [*Zusammensetzung*] desses diferentes elementos há leis absolutas que regem as relações recíprocas.[86]

O belo, em sentido mais amplo (no qual ele abarca o sublime, o belo em sentido estrito e o encantador) é a manifestação agradável

[84] Itálico de Schlegel.

[85] Esse trecho é muito importante para se compreender como Schlegel conseguiu superar a antinomia entre o sistema circular dos antigos e o sistema progressivo dos modernos, através do conceito de aproximação constante à perfectibilidade infinita.

[86] O uso que Schlegel faz da palavra composição, *Zusammensetzung*, como alguns outros termos, remete às descobertas da química em sua época. Como na composição química de elementos diversos, a poesia (literatura) dos modernos deve aproximar reciprocamente aspectos diferentes para formar um todo coerente e uno. Assim, Schlegel fala de espírito químico, sentido químico, combinação química de opostos. Para o crítico até mesmo o conhecimento filológico requer "entusiasmo pelo conhecimento químico". Cf. SCHLEGEL, Friedrich. *O dialeto dos fragmentos*. Márcio Suzuki (Trad.). São Paulo: Iluminuras, 1997, p. 128, fragmento [404].

do bem. Parece que para cada sensibilidade há um limite fixo estabelecido, o qual não pode ser ultrapassado nem pela dor e nem pela alegria, para que toda serenidade não se acabe e, com ela, se perca até mesmo o objetivo da paixão e do prazer. Em geral, ignorando-se as condições específicas, pode-se sempre pensar em algo ainda maior do que a quantidade de energia existente. Por energia compreendo tudo o que desperta e estimula o instinto composto, para lhe conceder o prazer do puramente espiritual; o impulso motriz pode ser tanto a dor quanto a alegria. A energia é apenas meio e órgão da arte ideal, algo como a força vital física [*physische Lebenskraft*] da beleza pura, a qual dá origem e sustenta a manifestação sensível do espiritual, assim como o espírito livre apenas pode existir empiricamente enquanto elemento de uma organização animal.

Do mesmo modo, para toda receptividade especial há uma esfera específica da perceptibilidade, a qual se encontra entre o que está próximo demais, e o que está longe demais. A rigor, a manifestação do espiritual pode se tornar cada vez mais viva, determinada e clara. Caso continue sendo apenas manifestação, ela será capaz de aperfeiçoamento infinito, sem jamais poder alcançar seu objetivo por completo, pois, de outra forma, o universal — que deveria se manifestar no individual — teria que se transformar no próprio individual. Isso é impossível, pois ambos estão separados por um abismo infinito. Por outro lado, a imitação do real também pode se aperfeiçoar infinitamente: pois a abundância de cada coisa individual é inesgotável, e nenhuma cópia jamais pode se transformar em seu protótipo. Pelo fato de que nessa vida heterogênea, o homem composto só pode se aproximar de sua natureza pura na esfera do infinito, sem jamais alcançá-la por completo, posso pressupor como evidente que somente podem estar presentes na realidade, de forma limitada: (a) o bem, ou aquilo que simplesmente deve ser (o objeto puro do instinto livre); (b) o Eu puro (não como faculdade teórica, mas como lei prática); (c) o gênero cujas classes são o conhecimento, moral e beleza;

(d) o todo cujos elementos são a multiplicidade, a unidade e a totalidade.[87]

Todos esses elementos do belo — o encanto, a aparência, o bem — são passíveis de aperfeiçoamento infinito. Todavia, existem leis imutáveis para as relações recíprocas desses elementos. O sensual deve ser apenas um meio para o belo e não o objetivo da arte. Mas, se na fase inicial da formação predomina a sensualidade pura, então o objetivo do artista será a abundância. Não se deve reprovar a autonomia por precisar se desenvolver gradualmente, ou por necessitar da tutela da natureza para alcançar a fase da autodeterminação independente. A lei não é transgredida pela sensualidade em Homero, pois ainda não existe lei alguma. No entanto, se a arte já é governada por leis e deixa de segui-las, a plenitude também volta a predominar, mas de uma forma inteiramente diferente. Agora já não é mais a sensualidade pura, mas excesso opulento, luxúria anárquica.

Aqueles três componentes da beleza — multiplicidade, unidade e totalidade — nada mais são do que as muitas maneiras do ser puro alcançar a verdadeira existência no mundo, são diferentes pontos de contato do espírito e da natureza. Observados individualmente, todos os três tem o mesmo valor; cada um deles tem valor absoluto e infinito. Até mesmo a plenitude é sagrada, e, na unificação de todos os elementos, não deve obedecer senão livremente à lei da ordem; pois a multiplicidade é a primeira forma de vida, e não matéria bruta, com a qual ela é frequentemente confundida. A isonomia não deve ser anulada [*aufgehoben*] pela ordem, embora a lei da relação dos elementos unificados da beleza seja imutavelmente determinada; não é a multiplicidade, mas a totalidade que deve ser o primeiro fundamento determinante e a última meta de toda beleza perfeita. O ânimo deve prevalecer sobre a matéria e a paixão, o espírito sobre o que é encantador,

[87] "Devo pedir que me seja permitido antecipar esses e outros princípios e conceitos aqui, os quais, em razão do contexto, serão apenas problematizados. Não deixarei de retomar as provas e demonstrações mais tarde." (Nota de Schlegel.)

e não o oposto, ou seja, utilizar o espírito para despertar a vida e estimular os sentidos. Um objetivo que se poderia alcançar bem mais facilmente! Estilo significa relações estáveis entre os elementos originários e essenciais da beleza ou do gosto.[88] Assim, pode-se atribuir estilo perfeito àquelas obras de arte e épocas que preencham inteira e espontaneamente em suas relações essas condições da lei necessária.

Além dessa lei estética absoluta para cada gosto, há também duas leis técnicas absolutas para toda arte da representação. Os elementos da arte da representação, os quais mesclam o possível e o real, são a sensualização [*Versinnlichung*] do universal e a imitação do individual. Como se afirmou, não há um limite estabelecido para o aperfeiçoamento de ambos os elementos: mas, para regular sua relação determina-se necessariamente uma lei imutável. O objetivo da arte da representação é o absoluto; o individual não pode ser ele mesmo o objeto (subjetividade), caso contrário, a arte livre decai para o nível de habilidade imitadora, a qual serve a uma necessidade física ou a um objetivo individual. Mas o meio é completamente necessário, e deve pelo menos parecer que serve livremente. Objetividade é a expressão mais adequada para essa relação regular entre o universal e o individual na representação livre.

Além disso, embora toda obra de arte individual não esteja, de modo algum, atrelada às leis da realidade, ela é limitada pelas leis da possibilidade interna. Ela não pode contradizer a si mesma, tendo que concordar inteiramente consigo mesma. Mesmo em casos de colisão, essa correção técnica não deve dominar a beleza, mas apenas limitá-la, pois ela é a primeira condição de uma obra de arte. Eu preferiria chamá-la de correção técnica ao invés de "verdade",[89] porque essa palavra lembra em demasia as leis da realidade, sendo frequentemente abusada pela fidelidade copista

[88] É exatamente essa falta de estabilidade que Schlegel identifica na poesia (literatura) moderna, reservando-lhe então o termo "maneira" e não "estilo".

[89] "Em gêneros artísticos individuais, a correção técnica pode exigir, como na pura tragédia ou na pura comédia, um desvio [*Abweichung*] ideal daquilo que na realidade é verdadeiro e provável." (Nota de Schlegel.)

de artistas escravos. Sem concordância interna, a representação anularia a si mesma, de modo que não conseguiria alcançar seu objetivo (a beleza). Apenas quando o todo da beleza completa já se encontra separado e dissolvido, e a abundância excessiva domina o gosto é que a regularidade da proporção e a simetria dessa abundância serão sacrificadas.

Não é preciso muita renúncia para que a fragilidade (da força estética) incorra em excessos, e onde falta força a regularidade não é um grande mérito. Um poema em estilo perfeito e de precisão irrepreensível, mas sem espírito e sem vida seria apenas uma mesquinharia sem qualquer valor. Mas, mesmo quando um poema unifica aquela regularidade perfeita com a mais elevada força que se pode esperar de um artista humano, ainda assim não se pode esperar que se alcance o mais elevado objetivo, se a extensão da obra não é perfeita, mas limitada, como na lírica dórica, por uma orientação determinada de uma singularidade até mesmo bela, mas parcial. O poeta não pode reivindicar perfeição enquanto ele, como Ésquilo, criar mais expectativas do que pode satisfazer. Apenas aquela obra de arte que preencha inteiramente as leis e técnicas estéticas específicas, e corresponda de maneira uniforme às exigências ilimitadas, no gênero mais perfeito e com a mais elevada força e sabedoria, pode ser um exemplo insuperável, no qual a tarefa completa da bela arte torna-se tão visível como ela apenas pode ser em uma verdadeira obra de arte.

O belo mais elevado só é possível onde todos os elementos da arte e do gosto se desenvolvam, se formem e se completem de um modo uniforme: na formação natural. Na formação artificial, essa uniformidade perde-se irremediavelmente, em razão da separação e da mistura arbitrárias do entendimento condutor [*lenkenden Verstandes*]. Talvez, em casos individuais de perfeição e beleza, ela (a formação artificial) possa superar de longe o desenvolvimento livre: mas, a beleza mais elevada é aquilo que se transformou em um todo orgânico formado, o qual seria despedaçado pela mais tênue separação e destruído pelo mínimo excesso. O mecanismo artificial do entendimento condutor pode até se apropriar da regularidade da Idade de Ouro da arte da natureza formadora, mas nunca reestabelecer por completo sua uniformidade; pois, uma vez dissolvido, o todo elementar jamais se organiza novamente. Por essa razão, o auge da formação natural da bela arte permanece sendo, por todas as épocas, o mais elevado arquétipo do progresso artificial.

Estamos acostumados, não sei por qual razão, a pensar os limites da poesia de um modo muito limitado. Se a representação não descreve, como a arte poética, mas imita realmente ou se expressa naturalmente, como as artes sensuais, então sua liberdade é mais restrita em razão dos limites do instrumento dado e da matéria específica. Se em determinado tipo de arte os limites da matéria forem muito estreitos, e o instrumento muito simples, pode-se realmente pensar que um povo afortunado alcançou nessa arte um nível que jamais poderá ser superado. Talvez os gregos realmente tenham alcançado tal nível na escultura. A pintura e a música têm um campo mais livre; o instrumento é mais composto, mais variado e abrangente. Seria algo muito arriscado querer fixar para elas um limite máximo de perfeição. Ainda menos provável seria querer fixar tal limite para a poesia, a qual não é limitada por nenhuma matéria especial, nem na extensão ou na força, cujo instrumento, a linguagem arbitrária de signos, é obra humana e, portanto, passível de aperfeiçoamento e de corrupção infinitos. A extensão ilimitada é um dos grandes méritos da poesia, que ela tanto necessita para poder substituir aquilo no qual a pintura lhe leva vantagem, a especificidade completa do que é permanente, e aquilo que a música lhe leva vantagem, a vitalidade completa do que é mutável. Ambas (a pintura e a música) fornecem de maneira imediata [*unmittebar*] intuições e sensações à sensibilidade; mas falam com o espírito somente por rodeios, frequentemente em uma linguagem obscura. Só podem representar pensamentos e costumes de maneira mediata [*mittelbar*]. Já a poesia fala diretamente com o espírito e com o coração através da imaginação, em uma linguagem frequentemente débil, ambígua, indeterminada, mas universal. A vantagem daquelas artes sensíveis — especificidade infinita e vivacidade infinita, ou seja, individualidade — não é tanto um mérito da arte, mas uma propriedade emprestada da natureza. Elas são misturas que se encontram no meio entre a natureza pura e a arte pura. A única arte propriamente pura, sem vitalidade emprestada e ajuda externa, é a poesia.

Quando se compara diferentes espécies de arte umas com as outras não se pode falar em algo como o maior ou menor valor do objetivo. Senão, toda investigação seria tão absurda como, por exemplo, a pergunta: "Quem foi mais virtuoso, Sócrates ou Timoleão?". Pois o infinito não suporta comparação alguma e o prazer no belo tem valor absoluto. Mas, na perfeição dos diferentes meios de alcançar o mesmo objetivo existem graus; existe um grau denominado "mais ou menos". Nenhuma arte pode abarcar em uma obra uma extensão tão grande quanto a poesia. Porém, nenhuma também possui os meios para combinar a multiplicidade na unidade, e para concretizar essa combinação em um todo perfeitamente completo. No que concerne a unidade, a escultura, a música e a lírica encontram-se na verdade no mesmo nível. Elas posicionam uma diversidade extremamente homogênea — de maneira simultânea ou consecutiva — e aspiram por desenvolver organicamente a diversidade restante a partir do que foi posicionado.

Apenas em Deus é que o caráter, ou aquilo que é estável em ideias ou aspirações poderia ser simples, determinado por si mesmo, e perfeito e acabado em si mesmo. No âmbito da aparência sua unidade permanece condicionada; ele (o caráter) deve conter ainda uma diversidade que não pode ser determinada por si mesma. Uma manifestação real e individual será completamente determinada e explicada através do contexto do mundo todo ao qual pertence. O mesmo se dá em relação ao fragmento de um mundo meramente possível. O caráter dramático é determinado inteiramente através de seu lugar no todo, sua participação na ação. Uma ação apenas se completa no tempo; por essa razão o artista plástico não pode representar uma ação completa.[90] Mesmo que o caráter plástico seja tão determinado, ainda assim ele pressupõe um mundo que lhe seja familiar, mas que não pode ser representado como tal. Ainda que esse fosse o mundo olímpico, e sua interpretação a mais fácil: a estátua mais perfeita é apenas um fragmento solto e incompleto, não é um todo completo em si, e o máximo que o escultor pode alcançar é uma analogia de unidade. A unidade do lírico e do músico consiste na homogeneidade de alguns aspectos, os quais foram retirados de toda uma série de condições que dominam as demais; (consiste) na completa subordinação dessas condições àquelas dominantes. A multiplicidade necessária e a liberdade impõem limites estreitos à perfeição desse contexto, de modo que não se há de falar aqui em integridade da associação [*Vollständigkeit der Verknüpfung*]. A integridade da associação é o segundo grande mérito da poesia. Apenas o tragediógrafo cujo verdadeiro objetivo é unificar a maior amplitude à máxima força com a mais elevada unidade pode dar à sua obra uma organização perfeita, cuja bela estrutura não será perturbada nem pela menor carência, e nem pelo mínimo exagero. Apenas ele pode representar uma ação completa, o único todo absoluto no âmbito da manifestação. Um ato consumado, um objetivo inteiramente realizado proporciona a mais plena satisfação. Uma ação poética consumada é um todo acabado em si mesmo, *um mundo técnico*.[91]

[90] Schlegel retoma as reflexões de Gotthold Ephraim Lessing (1729-1781), um dos primeiros a teorizar de forma mais exaustiva sobre a diferença entre os *meios* e fins das artes verbais e visuais, buscando estabelecer princípios mais claros e menos parciais. Em sua obra *Laocoonte* (1764), Lessing busca demonstrar como as artes se concretizam de diferentes maneiras de acordo com o meio que usam ou seu objetivo. Assim, a poesia se concretiza no tempo, representando ações, enquanto a pintura e a escultura se concretizam no espaço, e seu objeto de representação são corpos belos. Para Lessing, dependerá desses elementos e combinações o fato de uma ou outra realização se concretizar dessa ou daquela maneira. Cf. LESSING, Gotthold Ephraim Lessing. *Laocoonte ou sobre as fronteiras da pintura e da poesia.* Márcio Seligmann-Silva (Trad.). São Paulo: Iluminuras, 2011.

[91] Em alemão: *eine technische Welt.* (Itálico de Schlegel.)

Os primeiros gêneros poéticos gregos são em parte tentativas incompletas de uma cultura ainda imatura, como a épica da época mítica; (são) em parte orientações limitadas e parciais, as quais fracionam a beleza completa e, por assim dizer, a dividem entre si, como as diferentes escolas da época lírica. O mais perfeito entre os gêneros poéticos gregos é a tragédia ática. Ela determina, purifica, eleva e unifica toda a perfeição isolada das formas, épocas e escolas anteriores, ordenando-as em um novo todo.

Com autêntica força criadora, Ésquilo inventou a tragédia, traçou seus contornos, e determinou seus limites, sua direção e seu objetivo. O que o ousado poeta idealizou, Sófocles realizou. Aperfeiçoando o que Ésquilo inventou, ele suavizou sua dureza, preencheu suas lacunas, deu completude à arte trágica e alcançou o objetivo máximo da poesia grega. Felizmente, ele coincidiu com o momento mais elevado do gosto público ático. Ele também soube merecer o favor do destino, compartilhando com sua época o mérito de um gosto e de um estilo perfeitos. Mas, o modo como ocupou seu lugar e correspondeu à sua vocação é inteiramente seu. Em força genial, ele não fica devendo a Ésquilo ou Aristófanes, em perfeição e serenidade se iguala a Homero e Píndaro, superando todos os seus predecessores e sucessores em elegância.

A correção técnica de sua representação é perfeita e a eurritmia,[92] a conexão regular de suas obras precisas e altamente articuladas é tão canônica como a proporção do famoso *Dorífero* de Policleto.[93] A organização madura e adulta de cada uma de suas obras é concluída ao nível da perfeição, a qual não é perturbada nem pela mínima falha e nem por nada supérfluo. Tudo se desen-

[92] No original: *Eurythmie,* harmonia do todo, combinação harmoniosa de partes que compõem um todo.

[93] Dorífero, "lanceiro" em grego é o nome de uma das mais perfeitas obras da escultura grega. Seu autor, Policleto (séc. V a.C.) é famoso pela perfeição natural de suas esculturas e por ter escrito uma obra teórica sobre as formas e proporções do corpo humano, intitulado "Cânone". Em razão disso, Policleto é apelidado de "o pai da teoria da arte no Ocidente". Provavelmente a partir da leitura do autor romano Plínio, o Velho (23-73 d.C.), Schlegel retoma muitas ideias atribuídas a esse escrito perdido de Policleto, como o conceito de que a beleza é proporção entre as partes e o todo.

volve necessariamente a partir da unidade, e mesmo a menor parte obedece incondicionalmente à grande lei do todo.

A moderação com a qual ele renuncia até mesmo ao mais belo exagero e com a qual ele resistiria mesmo à mais atraente tentação de ferir a harmonia do todo é uma prova da riqueza desse poeta. Pois, sua sujeição a leis [*Gesetzmäßigkeit*] é livre, sua correção é leve, e a plenitude mais rica se ordena como que por si mesma em uma perfeita e elegante concordância. A unidade de seus dramas não é forçada mecanicamente, mas surge organicamente. Mesmo a menor ramificação desfruta de vida própria, e parece se acomodar por inclinação livre a seu lugar dentro do contexto regular de toda a formação. Com prazer e sem dificuldade acompanhamos a correnteza encantadora, e percorremos a superfície deslumbrante de sua poesia: pois a beleza de uma atitude correta, mas simples e livre, lhe empresta um fascínio inefável. As partes maiores e menores do todo encontram-se especificamente divididas e agrupadas de forma agradável em conjuntos ricos e simples. E assim como por toda a ação conflito e tranquilidade, ação e contemplação, humanidade e destino alternam-se agradavelmente e unificam-se livremente — mesmo que ora a força isolada siga livremente seu curso ousado, ora duas forças se entrelacem lutando em rápida alternância, e ora todos os elementos individuais calem perante o conjunto majestoso do coro — mesmo na menor parte do discurso é possível encontrar a multiplicidade em leve alternância e em união livre.

Aqui não existe a mais leve recordação do trabalho, da arte e da necessidade. Não percebemos o meio, a cobertura desaparece e desfrutamos imediatamente da beleza pura. Essa perfeição despretensiosa parece não se demorar em sua própria grandeza ou se importar com a impressão exterior, existindo apenas por si mesma. Essas formações não parecem ter sido criadas; parecem ter sempre existido, ou ter surgido por si mesmas, como a deusa do amor ascendeu simples e repentinamente, em sua forma perfeita, do fundo do mar.

No espírito de Sófocles fundiam-se de maneira uniforme a embriaguez divina de Dionísio, a inventividade profunda de Atena e a leve circunspeção de Apolo. Com poder mágico, sua poesia arranca os espíritos de seu lugar, transportando-os para um mundo mais elevado; com força encantadora ele atrai os corações e os arrebata de um modo irresistível. Mas, como um grande mestre na rara arte da conveniência, ele sabe como alcançar a mais alta delicadeza através da máxima força trágica; poderoso tanto no emotivo, como no terrível, ele nunca é amargo ou repulsivo. No terror constante ficaríamos paralisados até a inconsciência; na emoção constante nos derreteríamos. Mas Sófocles, ao contrário, sabe misturar o terror e a emoção no mais perfeito equilíbrio, e temperar deliciosamente, com alegria encantadora e suave graça, os trechos mais perfeitos, espalhando essa bela vida com tensão uniforme por todo o conjunto.

Sua superioridade no que concerne a matéria, a escolha afortunada que faz da mesma, e o sábio uso dos contornos existentes são maravilhosos. Essa é a obra-prima da sabedoria artística: acertar sempre com segurança a melhor entre tantas, talvez inúmeras, soluções possíveis; jamais se perder para além dos limites do que é delicado, e sempre afirmar sua completa liberdade e sua estrita submissão ao necessário, ainda que diante das mais complexas restrições. Mesmo quando um predecessor lhe antecipava a solução mais adequada, ele sabia apropriar-se novamente da matéria que lhe foi arrancada. Embora tenha tratado de *Electra* depois de Ésquilo, ele conseguiu ainda assim ser novo sem ser artificial. Mesmo no *Filoctetes* — cuja matéria tem contornos individuais grandiosos e motivos afortunados, mas que em seu todo é pouco propícia e cheia de lacunas — ele soube dar forma, arredondar e completar até chegar a uma ação completa à qual não falta nem a unidade ligeira e nem a total satisfação.

A magia ática de sua linguagem unifica a plenitude viva de Homero e a suave esplendor de Píndaro com elaborada precisão. Os contornos ousados e grandiosos, todavia, duros, rudes e cortantes de Ésquilo são refinados, suavizados e desenvolvidos até a máxima precisão na dicção de Sófocles. Apenas em Atenas é que foi possível a perfeição da língua grega. Apenas ali, onde eram como que inatas a inventividade, a sociabilidade, a eloquência, a delicadeza; onde a cultura completa abarcava os méritos parciais da cultura dórica e jônica; onde a liberdade e a isonomia ilimitadas possibilitavam que o mundo interior viesse à luz em figuras ousadas, sendo então refinado, depurado, arredondado e organizado a partir da mais viva luta e do estímulo mais variado.

O ritmo de Sófocles unifica o fluxo poderoso, a vitalidade concentrada e a dignidade viril do estilo dórico com a rica plenitude, a suavidade ligeira e a terna leveza dos ritmos jônico e eólico.

O ideal de beleza que predomina em todas as obras de Sófocles e em suas partes individuais é perfeito. A força dos elementos essenciais da beleza é uniforme, e a organização desses elementos unificados é inteiramente regular. Seu estilo é perfeito. Em cada uma das tragédias, e em cada caso individual, o grau de beleza é determinado, de um modo preciso, pelos limites da matéria, pela coesão do todo, e a especificidade dos trechos específicos.

A beleza moral de todas as personagens é tão grande como cada uma das condições o permite. Todas as ações e paixões surgem, tanto quanto possível, dos costumes e do caráter; e os caráteres especiais, os costumes específicos, aproximam-se o máximo possível da humanidade pura. Aqui, é improvável encontrar tanto a maldade inútil quanto a dor ociosa, e mesmo o mais sutil impulso de indignação amarga é rigorosamente evitado.[94]

Ao contrário das ações, os incidentes ocorrem o menos possível, e ainda assim são todos derivados do destino. O conflito incessante e necessário entre o destino e a humanidade é sempre

[94] "Os modernos andam tão às cegas sobre a necessidade absoluta, a verdadeira natureza e os limites definidos da beleza moral em obras poéticas, que há tempos disputam sobre o sentido da simples norma de Aristóteles: 'Os costumes devem ser bons nos poemas, isto é, belos'. Em todo o conjunto da poesia moderna, o caráter de Brutus, no *César* de Shakespeare, talvez seja o único exemplo de beleza moral, a qual não seria inteiramente indigna de Sófocles." (Nota de Schlegel.)

resolvido em harmonia, através de outro tipo de beleza moral, até que a humanidade — tanto quanto permitam as leis da correção técnica — alcance finalmente a vitória mais completa. A contemplação, essa reminiscência interior de toda grande ação ou acontecimento exterior, carrega e preserva a harmonia do todo. A tranquila dignidade de um belo sentimento apazigua a terrível luta, guiando a prepotência audaz — a qual rompeu todos os limites da ordem — para o curso suave da lei eterna e serena. O desfecho de toda a obra proporciona, a todo o tempo, a mais completa satisfação, pois, ainda que da perspectiva exterior a humanidade pareça decair, ela é vitoriosa no sentimento interior. A corajosa resistência do herói pode, ao final, ser vencida pela ira cega do destino, mas, mesmo diante de todos os tormentos, o espírito independente mantem-se intacto, erguendo-se finalmente livre, como o moribundo Hércules em *As Traquínias*.

Todas essas perfeições da poesia de Sófocles esboçadas não são particularidades separadas, existentes por si mesmas, mas apenas diferentes perspectivas e partes de um todo rigorosamente integrado e intimamente fundido. Enquanto o equilíbrio da força e a regularidade na formação ainda não estão perdidos, e o conjunto da beleza ainda não foi dilacerado, o individual não pode ser mais perfeito a não ser à custa do todo. Todos os elementos individuais perfeitos emprestam uns aos outros um valor mais elevado em constante ação recíproca [*Wechselwirkung*]. Da união de todas essas qualidades — das quais eu tracei apenas os contornos mais gerais, assim como os limites mais extremos da riqueza inesgotável de sua essência — surge a perfeição autossuficiente, a autêntica docilidade, as quais parecem ser, para os próprios gregos os traços mais característicos e primorosos desse poeta.

Do ponto de vista prático, os méritos das diferentes épocas, tipos de poesia e orientações são bastante desiguais, e embora aquilo que é digno de imitação se estenda por toda a poesia grega, ainda assim ele se concentra como que no meio da Idade de Ouro.

Do ponto de vista teórico, ao contrário, o conjunto da poesia grega é praticamente notável.

A homogeneidade simples do conjunto da poesia grega contrasta de um modo muito acentuado com o colorido e a heterogeneidade da poesia moderna.

A cultura grega em geral foi completamente original e nacional, um todo perfeito e acabado em si mesmo, o qual alcançou o mais alto grau de perfeição através do mero desenvolvimento interno, decaindo em si mesma após perfazer o ciclo completo. Igualmente original foi a poesia grega. Os gregos preservavam a pureza de sua singularidade, e sua poesia foi nacional não apenas em seus primórdios, mas durante toda a sua trajetória. Ela foi mítica não apenas em suas origens, mas em todo o seu conjunto: pois, na infância da cultura, enquanto a liberdade é ocasionada apenas pela natureza, não sendo ainda independente, os diversos fins da humanidade ainda não estão definidos e suas partes encontram-se misturadas. A lenda, ou mito, é precisamente essa mistura, na qual tradição e poesia se conjugam, onde a intuição da razão infantil e a aurora da bela arte se fundem entre si. A formação natural é apenas o desenvolvimento de um e o mesmo gérmen; por isso, os traços fundamentais de sua infância se espalharão pelo todo e, fortificados pelos usos tradicionais e instituições sagradas, serão conservados até as épocas mais tardias. A poesia grega é musical, rítmica e mímica desde sua origem, seu desenvolvimento, e em todo o seu conjunto. Apenas a arbitrariedade do entendimento artificioso pode separar de maneira violenta o que está eternamente unido pela natureza. Uma situação verdadeiramente humana não é composta apenas por ideias ou aspirações, mas pela mistura de ambas as coisas, derramando-se inteiramente, por todas as aberturas existentes, em todas as direções possíveis. Ela se expressa simultaneamente em signos arbitrários e naturais, no discurso, na voz e nos gestos. Na formação natural das artes, antes que o entendimento não compreenda seus próprios direitos e confunda os limites com intervenções violentas, destruindo sua bela organização, a poesia, a música e a mímica (que então também é rítmica) são irmãs quase inseparáveis.

É possível perceber essa homogeneidade não apenas em todo o conjunto, mas também nas classes nas quais o todo se divide, sejam elas maiores, menores, coexistentes ou sucessivas. Apesar da grande diferença entre a força poética original e a sábia aplicação da mesma, e entre o caráter nacional individual das diversas tribos e a disposição [*Stimmung*] predominante do artista, em toda grande época de formação estética as relações gerais entre o espírito e a natureza são determinadas de um modo inalterável e sem exceção. Nas épocas em que o gosto público alcançou o nível máximo da formação, e quando todos os órgãos perfeitos da arte podiam se exteriorizar simultaneamente e do modo mais completo e livre, as relações gerais dos elementos originários da beleza eram determinadas pelo espírito da época, e nem mesmo o gênio original, em seu nível máximo ou mínimo, ou mesmo a formação e disposição singulares do poeta podiam possibilitar uma exceção à essa necessidade. Enquanto essas circunstâncias coexistentes alteravam-se rapidamente, o espírito de um grande mestre espalhava seus efeitos benéficos por muitas épocas, sem que com isso a criatividade fosse paralisada ou a originalidade agrilhoada. Muitas vezes, uma direção primorosa, particularmente definida, manteve-se durante uma longa série de artistas. Apesar disso, a tendência geral movia-se do individual ao objetivo, de modo que o individual limitava aqui e ali o espaço do objetivo, mas, sem jamais esquivar-se de sua legitimidade.

Os diferentes graus dos avanços sucessivos apartam-se em conjunto uns dos outros, de maneira clara e decisiva, mas, no curso constante da história os limites mais extremos fundem-se uns nos outros, como as ondas de uma correnteza. Assim, os limites das direções coexistentes do gosto e das espécies de arte são mais puros. Sua relação é inteiramente homogênea, pura e simples, como o organismo da natureza plástica, não como o mecanismo do entendimento técnico. Os elementos homogêneos se unem de acordo com uma eterna e simples lei da atração e da repulsão, e, quanto mais se desenvolvem e se formam organicamente, desfazem-se de tudo o que é estranho.

Todo o conjunto da poesia moderna é um começo inacabado, cuja coesão só pode ser plenamente concretizada em pensamento. A unidade desse conjunto, em parte percebido, em parte pensado é um produto artificial gerado pelo esforço humano. Por outro lado, o conjunto homogêneo da poesia grega é um todo autossuficiente, perfeito e acabado em si mesmo; a simples articulação de sua coesão constante é a unidade de uma bela organização, na qual mesmo o menor elemento é necessariamente determinado pelas leis e objetivos do todo, mas ainda assim é independente e livre. A regularidade visível de seu desenvolvimento progressivo revela mais do que o acaso. Tanto o maior, quanto o menor progresso se desenvolve como que por si mesmo, a partir do que lhes precedeu, contendo o gérmen completo do desenvolvimento subsequente. Antes profundamente ocultos na história da humanidade, os princípios internos da formação viva manifestam-se visivelmente aqui, gravados em sua figura exterior por signos precisos e simples. Do mesmo modo, através de um poder interior da força que aspira, os elementos homogêneos se unem amavelmente em uma organização saudável por todo o conjunto; assim como o gérmen orgânico completa seu ciclo graças à evolução constante do instinto de formação, e cresce afortunadamente, floresce com exuberância, amadurece rapidamente, murchando de forma repentina: o mesmo ocorre com todo tipo de poesia, toda época e toda escola da poesia.

A analogia nos permite, e torna necessário, pressupor que na poesia grega nada é acidental, ou apenas determinado violentamente pelo efeito exterior. Ao contrário, parece que mesmo o mais ínfimo, raro, e o que segundo a primeira impressão é acidental, desenvolveu-se necessariamente a partir de motivos internos. O ponto de onde partiu a formação grega era o de uma absoluta rudeza; no que concerne a disposição e motivação, sua situação cósmica caracterizou-se pela máxima proteção, a qual, ao menos na formação estética, nunca foi perturbada por influências externas prejudiciais. Essas causas que deram ensejo (à cultura grega) explicam a origem, a natureza peculiar e o aparente destino da poesia grega. Todavia, as relações gerais de suas partes, os contornos do todo, os limites determinados de seus graus e tipos, e as leis necessárias de seu desenvolvimento apenas se deixam explicar por motivos internos, a partir da naturalidade de sua formação. Essa formação não foi outra do que o desenvolvimento mais livre da mais afortunada disposição [*Anlage*], cujo gérmen geral e necessário encontra-se fundamentado na própria natureza humana. A formação estética dos gregos nunca foi artificial, nem em Atenas ou Alexandria, no sentido de que o entendimento tivesse organizado o conjunto, direcionado todas as forças e determinado o objetivo e a direção de sua trajetória. Na verdade, a teoria grega jamais demonstrou a mínima comunhão com a prática artística, e foi mais tarde no máximo sua auxiliar. O instinto completo foi tanto o que movia, quanto o que direcionava a cultura grega.

A poesia grega é um *maximum* e cânone da poesia natural, e cada um de seus produtos é o mais perfeito em seu gênero. Os contornos são traçados com ousada certeza, de maneira simples, sendo preenchidos e acabados com exuberante vigor; cada formação é intuição completa de um conceito autêntico. A poesia grega contém uma coleção completa de exemplos para todos os conceitos de gosto e de arte, que são tão surpreendentemente adequados para o sistema teórico, que é como se a natureza formadora tivesse sido condescendente, antecipando os desejos do entendimento ávido por conhecimento. Nela todo o ciclo do desenvolvimento orgânico da arte se encontra concluído e completo, e a época suprema da arte — na qual a capacidade do belo pode se expressar da forma mais livre e completa — contém a gradação completa do gosto. Todas as espécies puras de diferentes combinações possíveis dos elementos da beleza foram esgotadas, e até mesmo a ordem de sucessão e a natureza das transições são determinadas necessariamente por leis internas. Os limites de seus gêneros poéticos não são traçados de forma artificial por separações e misturas arbitrárias, mas criados e determinados pela própria natureza. O sistema de todos os gêneros poéticos esgotou-se por completo, incluindo até mesmo as diferentes variações, os gêneros imaturos de uma infância ainda não desenvolvida, e os gêneros híbridos mais simples, os quais surgiram a partir da confluência de todas as espécies autênticas na época passada da imitação. A poesia grega é uma eterna história natural do gosto e da arte.

Na verdade, ela contém os elementos puros e simples, nos quais se deve primeiro analisar os produtos misturados da poesia moderna para poder decifrar inteiramente o enigma de seu caos labiríntico. Aqui, todas as circunstâncias são determinadas de uma forma tão verdadeira, originária e necessária que o caráter de cada um dos poetas gregos é, por assim dizer, uma *intuição estética elementar* pura e simples. Por exemplo, não é possível explicar o estilo de Goethe de uma forma mais definida, explícita e breve a não ser afirmando que ele é uma mescla do estilo de Homero, Eurípedes e Aristófanes.

***

Assim pensarão muitos modernos: "Mas a poesia grega ofende nossa delicadeza com tanta frequência e de um modo tão grave! Distanciada da moralidade elevada de nosso século refinado, ela se encontra muito aquém, inclusive em sua suprema perfeição, do antigo romance no que tange a nobreza, o decoro, o pudor e a ternura. E como é pobre e desinteressante a enaltecida simplicidade de seus produtos sérios! A matéria é mesquinha, a execução monótona, os pensamentos triviais, os sentimentos e paixões não têm energia, e mesmo a forma é frequentemente incorreta, de acordo com as severas normas de nossa teoria elevada. Será que a poesia grega deve ser nosso modelo? Ela que não conhece sequer o que é o amor nobre e espiritual, o objeto mais elevado da bela arte?

Muitos poemas líricos cantam o excesso mais artificial, e, em quase todos, paira o espírito de uma voluptuosidade desenfreada, de uma exuberância desmedida, de uma virilidade dissoluta. Na bufonaria deselegante da comédia vulgar antiga parece que se reuniu tudo o que pode ofender os bons costumes e a boa sociedade.[95] Nesta escola de todos os vícios, na qual até mesmo Sócrates foi o objeto de comédias, ri-se de tudo o que é sagrado, e zomba-se de tudo o que é elevado. Não apenas o excesso mais injurioso, mas até a covardia mais afeminada e a mais deliberada infâmia são representados aqui com cores alegres e com uma luz enganosamente encantadora.[96] A imoralidade da Comédia Nova[97] parece menos ruim, porque ela é mais débil e tênue. Os traços fundamentais, constantes e recorrentes de toda a ação — que se alternam em combinações frequentes — são apenas a vigarice de escravos mentirosos e cortesãs intrigantes, e o exagero de jovens tolos. Até mesmo em Homero, o egoísmo ordinário de seus heróis, o modo simples e desnudado como o poeta representa a inteligência injusta e o poder imoral, elogiando ou com indiferença, concorda tão pouco com a dignidade elevada da epopeia perfeita, como a frequente vulgaridade da matéria e da expressão quase não concorda com o contexto rapsódico do conjunto. Para a tragédia todo crime abominável é mais que desejado. Além disso, nos sofismas da paixão ensina-se o vício de acordo com princípios fundamentais. Que coração não se sente indignado ao ver representado o matricídio de Electra em Sófocles de um modo que se aproxima mais do que é brilhante e embelezado do que

[95] Embora seja utilizado aqui para caracterizar o modo como pensam aqueles que não compreendem a poesia dos antigos, o conceito de bufonaria é muito importante para Schlegel. Mais tarde, nos fragmentos da *Athenäum* e da *Lyceum*, assim como em outros escritos, o bufão, a bufoneria e a parábase da antiga comédia grega são assimilados ao conceito de ironia romântica. Em um de seus fragmentos, Schlegel afirma que a ironia é a pátria da ironia, na qual vive uma verdadeira "bufonaria transcendental". Cf. SCHEGEL, Friedrich. *O dialeto dos fragmentos*, op. cit., p. 26, fragmento L42.

[96] Como os personagens de Dionísio e Demos em *As rãs* e *Os cavaleiros*, de Aristófanes. (Nota de Schlegel.)

[97] A Comédia Nova foi uma das três fases através das quais se desenvolveu a comédia na Grécia antiga. Seus temas giram em torno das paixões, sobretudo o amor e os costumes. Os principais autores desse gênero foram Filemon, Apolodoro de Carystos e Menandro. Cf. MOISÉS, Massaud. *Dicionário de termos literários*, op. cit., p. 80.

do repugnante? Por fim, para roubar de toda bela alma qualquer resistência interior, o quadro assustador termina geralmente em um fundo escuro, com a deprimente perspectiva de um destino onipotente e incompreensível, e até mesmo invejoso e misantropo".

Antes que eu analise os elementos originários dessa combinação interessante de arrogância moderna, de refinados mal-entendidos, e de preconceitos bárbaros, preciso adiantar algumas palavras sobre os únicos princípios objetivos válidos da censura estética. Então, não será muito difícil deduzir a origem subjetiva dos princípios convencionais dessa sátira patética [*pathetischen Satire*].

Toda apreciação elogiosa ou repreensiva somente pode ser válida sob duas condições. A medida segundo a qual se julga e se aprecia deve ser universal; a aplicação ao objeto criticado deve ser tão cuidadosamente fiel, e a percepção tão perfeitamente correta, de modo que possam passar em qualquer teste. Além disso, o juízo é apenas um ato de autoridade. É possível perceber como nossa filosofia do gosto e da arte é imperfeita e incompleta pelo fato de que não existe sequer uma tentativa significativa de estabelecer uma *teoria do feio*. Apesar disso, o belo e o feio são correlatos inseparáveis.[98]

Assim como o belo é a manifestação agradável do bem, o feio é a manifestação desagradável do mal. Assim como o belo — por meio da atração da sensualidade — estimula o espírito a entregar-se a um prazer espiritual, no feio é uma agressão contra a sensualidade a causa e elemento de uma dor moral. Ali, uma vida encantadora nos aquece e restaura, e mesmo o horror e o sofrimento estão fundidos com encanto; aqui, o repulsivo, o doloroso e o horrível nos preenche com repugnância e aversão. Ao invés da livre agilidade, um constrangimento pesado nos oprime, ao invés da força viva, um conjunto morto. Ao invés da tensão uniforme em uma alternância benéfica de movimento e calma, um

[98] No trecho que se segue, Schlegel realiza uma das primeiras tentativas modernas de teorização sobre o feio, o repugnante e repulsivo em contraposição ao belo. (Itálico de Schlegel.)

repuxamento doloroso arrasta o interesse de um lado para outro. Onde o espírito anseia por tranquilidade, ele é torturado por uma fúria perturbadora, onde pede movimento, ele é fatigado por uma morosa lassidão.

Na representação do feio, a dor animal é apenas elemento e órgão do que é moralmente mal. Ao bem não se contrapõe nada positivo, nenhum mal absoluto, mas, apenas a mera negação da humanidade pura, da totalidade, unidade e multiplicidade. O feio é na verdade a aparência vazia no elemento de um mal físico real, mas sem moralidade real. É apenas na esfera da animalidade que existe um mal positivo: a dor. Na espiritualidade pura só existiria prazer e limitação sem dor, e na animalidade pura somente dor e satisfação da necessidade sem prazer.[99] Na natureza composta do homem, a limitação negativa e dor positiva do animal encontram-se intimamente fundidos entre si.

O oposto de rica abundância é o vazio, monotonia, uniformidade, ausência de espírito. A disparidade e o conflito se contrapõem à harmonia. O belo, em sentido estrito, é a manifestação de uma multiplicidade finita em uma unidade condicionada. Por outro lado, o sublime é a manifestação do infinito, da plenitude infinita ou da harmonia infinita. O sublime também tem uma antítese dupla: carência infinita e desarmonia infinita.

O grau de maldade é determinado apenas pelo grau de negação. O grau de feiura, ao contrário, depende ao mesmo tempo da quantidade intensiva do instinto que deve ser contradito. A condição necessária do feio é uma expectativa frustrada, um desejo provocado e não saciado. O sentimento de vazio e de conflito pode

[99] Até mesmo o jogo animal, no qual sentimos humanamente um prazer mais livre, talvez seja apenas a satisfação de uma necessidade, a liberação da força supérflua. Apenas o pressentimento do que lhe é oposto pode dar à capacidade vital o primeiro impulso para se mover e determinar sua força, para amar a matéria vital que lhe é análoga, e odiar o estranho. Sem o pressentimento do inimigo, um ser jamais poderia alcançar e muito menos desejar consciência (a qual pressupõe multiplicidade e diversidade, mas também não existiria se a igualdade fosse total); (o ser) permaneceria em uma tranquilidade eterna e letárgica. O temor da destruição é a verdadeira origem da existência animal. Mas, o temor animal é de espécie diferente do temor humano, já a esperança é algo que somente o homem é capaz. (Nota de Schlegel.)

ir do simples desconforto até o mais violento desespero, ainda que o grau de negação permaneça o mesmo e apenas a força intensiva do instinto aumente.

A beleza sublime proporciona um prazer completo. Já o resultado da sublime feiura (uma ilusão que se faz possível mediante a tensão do instinto) é o desespero, uma dor como que absoluta e completa. Soma-se a isso a indignação (um sentimento que desempenha um grande papel no âmbito do feio) ou a dor, a qual acompanha a percepção de disparidades morais individuais; pois todas as disparidades morais fazem com que a imaginação complemente a matéria dada até alcançar a noção de uma desarmonia absoluta.

No sentido mais estrito da palavra, um feio supremo é tão pouco possível como um belo supremo. Um máximo incondicionado da negação, ou não absoluto, é algo tão pouco provável em qualquer noção quanto um máximo absoluto de afirmação; e mesmo no grau mais alto da feiura ainda há algo belo. Até mesmo para representar o feio sublime, e para suscitar a aparência de vazio infinito e de desarmonia infinita é necessário uma grande medida de plenitude e força. Os elementos do feio lutam eles mesmos entre si, de modo que, diferentemente do que ocorre com o belo, não é possível alcançar entre eles um máximo condicionado (uma aproximação objetiva e insuperável), através da força uniforme (embora limitada) dos elementos individuais, e por meio da regularidade dos elementos inteiramente unidos; apenas é possível alcançar um máximo subjetivo, pois, para cada receptividade individual há um limite específico de repugnância, sofrimento, desespero, para além dos quais cessaria a prudência.

Todavia, o artista deve obedecer não apenas às leis da beleza, mas também às regras da arte, evitando não somente o feio quanto os equívocos técnicos. Toda obra representacional [*darstellende Werk*] de arte livre pode merecer censura por quatro motivos: falta perfeição representacional à representação; ela peca contra a idealidade; peca contra a objetividade; peca contra as condições de sua possibilidade interna.

À incapacidade faltam os instrumentos e a matéria que correspondam ao objetivo. A inaptidão não sabe como utilizar a força existente e a matéria dada, de modo que a representação é enfadonha, obscura, confusa e incompleta. A perversidade confundirá os eternos limites da natureza, destruindo seu próprio objetivo através de combinações monstruosas de gêneros poéticos autênticos. Uma cultura até mesmo saudável, mas ainda infantil, aplicará e esboçará em gêneros poéticos autênticos e imperfeitos sua intenção correta, mas sem executá-la completamente.

A representação pode ser muito perfeita em suas partes individuais, e mesmo assim, em razão de contradições internas, anular a si mesma no todo, destruindo as condições de sua possibilidade interna e violando as leis da correção técnica. Incoerente é como se poderia chamar a um conjunto indeterminado de uma suposta obra de arte ao qual falta estabilidade e leis de possibilidade interna; uma obra ilimitada que não pode ser separada (ou totalmente separada) do resto da natureza deve ser, em verdade, um pequeno mundo fechado, um todo completo em si mesmo.

A idealidade da arte é violada pela afetação quando o artista idolatra seus instrumentos, e coloca a representação — que deveria ser apenas um meio — no lugar do objetivo absoluto, aspirando apenas por virtuosismo.

A objetividade da arte é violada pela subjetividade quando em uma representação universalmente válida, a particularidade se mistura, se introduz furtivamente ou quando prevalece de forma manifesta.

Esses contornos gerais das espécies puras de todas os equívocos técnicos possíveis contém os primeiros princípios fundamentais de uma teoria da incorreção, a qual, junto com a teoria do feio, compõe o código penal estético completo, que estabelecerei como fundamento na próxima *Apologia da poesia grega*.[100]

A poesia grega não necessita de nenhuma espécie de louvor retórico; o artifício de pretender disfarçar ou negar seus verdadeiros

[100] Itálico de Schlegel.

erros lhe é completamente indigno. Ela exige justiça rigorosa, pois, inclusive uma dura crítica não lhe será menos prejudicial do que o entusiasmo cego ou uma indiferença tolerante.

Todo aquele que compreender admitirá prontamente a imperfeição dos mais antigos tipos de poesia grega, a inautenticidade da poesia tardia; a sensualidade infantil do período épico, o exagero luxurioso ao final do período lírico, especialmente na terceira fase da época dramática, assim como a rudeza frequentemente amarga e aterradora da antiga tragédia. Depois da depravação, elevada a objetivo único pelo sensualmente agradável (que deveria ser apenas incentivo e elemento do prazer espiritual), logo sucedeu uma efervescência sem forças, e após isso uma silenciosa apatia, até que, finalmente, na época da afetação e da imitação erudita surge a pesada aridez de um conjunto morto e remendado a partir de partes individuais.

A direção constante de toda a força que aspira [*strebende Kraft*] apontou na direção da beleza desde o momento em que a representação se elevou de mera expressão de uma necessidade, passando a ser um jogo livre. Mas, o desenvolvimento natural não podia pular nenhuma etapa necessária da formação, apenas progredir gradualmente. Foi igualmente natural e até necessário que a poesia grega decaísse do supremo auge da perfeição até a mais profunda degeneração, porque o instinto que movia a cultura grega é um poderoso motor, mas um guia cego. Combine-se uma multiplicidade de forças motrizes cegas em associação livre umas com as outras, sem, no entanto, unificá-las através de uma lei perfeita: ao final, elas irão destruir a si mesmas. Algo semelhante ocorre com a formação livre: pois, aqui, incluiu-se na própria legislação algo estranho, porque o instinto composto é uma combinação de humanidade e animalidade. Como a animalidade preexiste no ser, sendo ela mesma o que ocasiona a humanidade, ela predomina nos primeiros estágios da formação. Esse predomínio se manteve na Grécia entre a grande massa de cidadãos e cidadãs completamente incultos entre os povos cultos, e nas populações que permaneceram em estado rudimentar. Aliás, foi apenas uma pequena massa, que dominava a grande massa, que se tornou adulta e autônoma. Essa grande massa exercia constantemente uma força de atração poderosa — a qual foi aumentada pela influência contagiosa de escravos que se misturavam, e dos bárbaros que circulavam — que trazia até si a massa mais refinada. Sem violência exterior, abandonada a si mesma, a força que aspira jamais pode cessar. Por essa razão, quando em seu desenvolvimento gradual, ela alcança uma época de satisfação uniforme, limitada em força, mas completa e regular em sua extensão, ela necessariamente desejará um conteúdo maior, mesmo às custas da harmonia. Assim, a formação irremediavelmente se perderá em si mesma, fazendo com que o auge de sua perfeição se aproxime dos limites de uma decidida degeneração. Somente a orientação de uma arte produzida por um entendimento maturado por vasta experiência poderia dar à formação uma direção mais afortunada. A falta de um sábio princípio orientador — o qual deveria estabelecer o sumo belo, e garantir à formação uma constante progressão na direção do que é melhor — não é o erro apenas de uma época isolada. Se é possível censurar algo que é necessária e verdadeiramente culpa da própria humanidade, então é preciso censurar o conjunto da cultura grega.

Mas, este surgimento gradativo, e esta derrocada em si mesma por parte de toda a cultura grega, assim como da poesia grega, não contradiz de modo algum a afirmação de que a poesia grega é a intuição que se buscava, através da qual uma filosofia objetiva poderia se tornar aplicável e pragmática, tanto do ponto de vista prático quanto teórico. Pois, uma completa história natural da arte e do gosto abarca, no ciclo completo de sua evolução gradual, também a imperfeição das primeiras fases, assim como a degeneração das fases tardias, em cuja cadeia constante e necessária não se pode saltar nenhuma articulação. Ainda assim, o que caracteriza o conjunto é a objetividade, e mesmo aquelas obras cujo estilo é censurável — em razão da autenticidade simples de sua disposição e dos limites, da ousada determinação de seus contornos claros, e a vigorosa perfeição da natureza formadora — são intuições legisladoras únicas, válidas por todas as épocas. A sensualidade infantil da poesia grega mais antiga possui uma extensão mais regular e uma simetria mais bela do que o refinamento mais artificial de bárbaros malformados, e até a artificialidade grega tem sua objetividade clássica.[101]

Há um certo tipo de insaciabilidade que é uma característica segura da barbárie. Assim são aqueles que, não satisfeitos com o fato de que a poesia grega seja bela, impingem-na uma medida completamente estranha de valoração, misturando em suas confusas pretensões tudo o que é objetivo e subjetivo, e exigindo que ela seja mais interessante. Decerto, o que é mais interessante poderia tornar-se ainda mais interessante, e a poesia grega não é uma exceção a essa lei natural universal. Todas as quantidades são infinitamente progressivas, e seria um milagre se nossa poesia, enriquecida através de todos os progressos de todas as épocas anteriores, não superasse a grega em conteúdo.

Talvez a relação entre o sexo masculino e o feminino seja um pouco mais afortunada entre os modernos, e a educação da mulher um pouquinho melhor do que aquela entre os gregos. Por muito tempo (em parte até agora), o amor foi a única saída encontrada pelos modernos para expressar todo impulso livre de sentimento elevado, impulso que, em outros casos, era consagrado apenas à virtude e à pátria. A poesia dos modernos também deve muito a esse tema oportuno. Sem dúvida, com demasiada frequência substituiu-se o sentimento autêntico por estranhas fantasias e pelo que é empolado, profanando a simplicidade da natureza com uma vergonha falsa e feia. Com certeza, a mística sublimada e o pedantismo escolástico na metafísica do amor de muitos poetas modernos distanciam-se completamente da autêntica graça. Os estremecimentos convulsivos do enfermo fazem mais barulho do que a vida tranquila, embora vigorosa, do saudável. O íntimo

[101] Por artificialidade e afetação, Schlegel normalmente se refere à poesia da época alexandrina.

ardor do fiel Propércio unifica a verdadeira força e a ternura, fazendo pressentir muitas coisas boas de Calímaco e Filetas,[102] embora em sua época não se possa mais pensar em beleza lírica perfeita. Mas, há traços suficientes para se presumir com alguma precisão, o que e quanto perdemos dos cantos de Safo, Mimnermo e outros poetas eróticos da época de ouro da arte lírica. O calor terno, a graça urbana, a humanidade liberal, que as representações eróticas da nova comédia ática respiravam ainda vive em muitos dramas de Plauto e Terêncio. Por outro lado, no que concerne a tragédia, os gregos talvez tivessem razão em censurar Eurípedes. O que deveria ser um derramamento momentâneo de sentimento transbordante, ou o prazer tranquilo da perfeita bem-aventurança só pode ser transformado em trágica paixão através de adidos horrendos, imorais e fantasiosos. Em muitas das mais perfeitas tragédias modernas o amor tem apenas um papel subordinado.

Se a poesia grega estivesse atrasada nesse quesito — por alguma peculiaridade de sua situação normalmente tão favorável — isso não seria um crime imperdoável. Em geral, observar apenas o acidental e não perceber o que é grande e essencial revela uma visão mesquinha. O artista não precisa de modo algum ser tudo para todos. Se ele apenas obedecer às leis necessárias da beleza e às regras objetivas da arte, ele terá liberdade ilimitada para ser tão singular quanto queira. Em razão de um estranho mal-entendido confunde-se com frequência generalidade estética com validade universal, que é absolutamente necessária. A maior generalidade de uma obra de arte somente seria possível através da completa trivialidade. O individual é o elemento indispensável do geral na representação ideal. Se todo o vigor que lhe é peculiar se dissipar, então até mesmo o que é geral perde seu efeito. A bela arte é como que uma linguagem da divindade, que se divide em tantos dialetos distintos, de acordo com a diversidade dos tipos de arte, dos instrumentos e da matéria. Se o artista é digno de sua elevada missão,

[102] Calímaco (310-240 a.C.), foi poeta, bibliotecário, gramático e mitógrafo grego. Filetas de Cos (viveu no século IV a.C.), poeta e acadêmico do período helenista.

e se ele apenas fala divinamente, então ele é completamente livre para escolher o dialeto que quiser falar. Seria não apenas injusto, mas também muito perigoso querer limitá-lo nesse assunto: pois, a linguagem é um tecido das mais delicadas relações. Ao que parece, até mesmo para ser significativa e perfeita, ela precisa possuir suas peculiaridades; de qualquer forma, ainda não foi possível inventar uma linguagem mundial que pudesse ser tudo para todos. O artista também pode falar com quem ele achar apropriado; com todo seu povo, com esse ou aquele, com todo mundo, ou simplesmente falar consigo mesmo. Mas, dentre os indivíduos humanos que compõem seu público, ele precisa e deve dirigir-se à humanidade mais elevada e não à animalidade. Se apenas tivesse descoberto o segredo grego de ser objetivo no individual, a poesia moderna permaneceria livre em sua individualidade. Ao invés disso, ela quer elevar suas particularidades convencionais a lei natural da humanidade. Não satisfeita em ser a escrava de tantos preconceitos estéticos, morais, políticos e religiosos, ela quer prender sua irmã grega nas mesmas correntes.

Se as regras convencionais da decência moderna são leis válidas da bela arte, então não há nada que possa salvar a poesia grega; se é para ser consequente, então deve-se agir com ela do mesmo modo que os monges agiram em relação à nudez da Antiguidade. Mas, a decência não tem nada que ordenar à poesia; ela não se encontra sob sua jurisdição. A ousada nudez na vida e na arte de gregos e romanos não é grosseria animal, mas uma naturalidade despreocupada, humanidade liberal e franqueza republicana. O sentimento de autêntica vergonha jamais foi entre qualquer povo tão familiar e, por assim dizer, nato, como o foi entre os gregos. A origem da verdadeira vergonha é o recato moral e a modéstia do coração. A falsa vergonha, ao contrário, surge do temor animal, ou de preconceitos artificiais. Ela se deixa reconhecer pelo orgulho e a inveja. Sua essência furtiva e hipócrita revela uma profunda consciência de impureza interior. Sua falsa delicadeza é a feia maquiagem de escravos viciosos, o adorno efeminado de bárbaros enfraquecidos.

As objeções que se fazem contra a moralidade grega parecem ser mais importantes. Quem iria mesmo querer disfarçar ou considerar indiferente aquilo que realmente fere o ânimo puro? Mas, todo aquele que queira participar dessa discussão não pode ser tão mal-humorado que se aborreça, por exemplo, com a deliciosa inocência com a qual é representada a travessura do deus recém-nascido no Hino a Mercúrio![103] A acusação contém naturalmente alguns aspectos verdadeiros, mas parece que falta a perspectiva adequada, o verdadeiro contexto no qual tudo se fundamenta. Antes de tudo, é preciso que se faça a distinção entre aquilo que é essencial e acidental, moral e imoral em uma obra de arte. Apenas o que é realmente mal e que aparece como tal, aquilo cuja impressão ofenda necessariamente todo sentimento moralmente bom é essencialmente imoral do ponto de vista estético. A manifestação do mal é feia e a moralidade estética essencial é, assim, um elemento essencial da beleza perfeita (a moralidade em geral é o predomínio da humanidade pura sobre a animalidade na faculdade de apetição [*Begehrungsvermögen*]). A sensualidade da poesia grega antiga e o excesso da poesia tardia são deficiências e transgressões não apenas morais, mas também estéticas. É verdadeiramente curiosa a profundidade com que o povo ático sentiu seu próprio declínio, e a intensidade com a qual, por essa razão, os atenienses culpavam e odiavam alguns poetas exuberantes, como Eurípedes e Cinesias; poetas que nada mais faziam do que adivinhar os desejos do povo, ou que apenas seguiam a violenta e arrebatadora correnteza de toda a massa.

Há equívocos gregos dos quais os poetas modernos estão bem protegidos. Não é exatamente grande coisa cuidar bem e organizar uma força dócil mediante a mais violenta coação. Mas, onde quer que as inclinações não sejam inteiramente livres, ali não pode haver nem bons e nem maus costumes. Aquele a quem as injúrias intencionais de Aristófanes apenas suscitam indignação, revela não apenas a limitação de seu entendimento, mas também a

[103] Trata-se do *Quarto Hino Homérico a Hermes.*

imperfeição de sua disposição e formação morais. Pois, o excesso anárquico desse poeta não é só sedutoramente atrativo em razão da opulenta plenitude de vida, mas também irresistivelmente belo e elevado pelo excesso de seu engenho borbulhante, de seu espírito efervescente e do vigor moral em meio à mais livre atividade. É acidentalmente e esteticamente imoral aquilo cuja maldade não se manifesta, mas que — em razão de sua natureza, e sob certas condições subjetivas do temperamento e da associação de ideias — pode ser a motivação de determinado modo de pensar ou ação imoral. Ainda que seja a coisa mais perfeita, o que não se deixa corromper em razão de circunstâncias acidentais? É apenas à absoluta nulidade que oferecemos o elogio ambíguo de ser inteiramente inofensiva. A obra de arte já não existe mais se sua organização é destruída ou se não for percebida, e se o efeito da matéria dissipada já não interessa mais ao artista. Além disso, não temos o mínimo direito de esperar verdade científica por parte do artista. O tragediógrafo muitas vezes não pode evitar atenuar crimes. Ele carece de paixões fortes e acontecimentos terríveis, e deve apresentar [*darstellen*] os costumes de seus personagens de modo tão elevado e belo quanto o permita a lei do conjunto. Quem, todavia, for induzido a cometer crimes em razão dos exemplos de um Orestes, de uma Fedra, deve realmente culpar a si mesmo, como aquele que quisesse tomar como modelo uma cortesã exuberante, um esperto vigarista e um engenhoso parasita a partir de uma comédia! O próprio poeta pode ter uma intenção imoral, e ainda assim sua obra não ser imoral.

Sem dúvida alguma, o caráter apaixonado da tragédia decadente, a leviandade da comédia, a opulência da lírica tardia, aceleraram o declínio dos costumes gregos. Através da mera repercussão das artes representacionais a já definitiva decadência moral do conjunto foi intensificada, decaindo com velocidade redobrada. Mas, isso pertence à jurisdição da apreciação política, a qual abarca todo o conjunto da cultura humana. Por outro lado, o ajuizamento estético isola a formação do gosto e da arte de seu contexto cósmico, e nesse reino da beleza e da representação apenas leis estéticas e técnicas são válidas. O ajuizamento político é o mais elevado entre todos os pontos de vista: os pontos de vista subordinados dos ajuizamentos morais, estéticos e intelectuais são todos iguais. A beleza é também um elemento tão originário e essencial do destino humano como a moralidade. Todos esses elementos devem manter entre si uma relação de igualdade legal (isonomia), e a bela arte tem um direito inalienável à independência legítima (autonomia).[104] A força dominante que guia e organiza o conjunto da formação humana também deve permanecer fiel à essa lei fundamental; caso contrário, ela mesma destruirá o fundamento sobre o qual se apoia sua autoridade. A missão da faculdade política é organizar em uma unidade as forças individuais de todo o espírito e os indivíduos de toda a espécie. Para esse fim, a política poderá limitar a liberdade do indivíduo sem, no entanto, violar essa lei fundamental constitucional; mas apenas sob a condição de que ela não obstrua o desenvolvimento progressivo, e não impossibilite uma futura liberdade completa. Ela deve como que aspirar por tornar a si mesma supérflua.

A arrogância da correção pode confirmar a medida do desconhecimento dos limites da esfera poética. Quando o anatomista primeiro destrói a bela organização de uma obra de arte, depois analisa suas partes elementares, e realiza alguns experimentos físicos dos quais retira orgulhosos resultados, ele está enganando a si mesmo de um modo evidente: pois a obra de arte já não existe mais. Através desse método não haveria poema do qual não se pudesse retirar contradições internas; mas contradições internas que não aparecem não prejudicam a verdade técnica, já que elas não existem poeticamente. Antigos críticos franceses e ingleses desperdiçaram seu engenho em tais sutilezas equivocadas, e não sei se em Lessing não se pode encontrar aqui e acolá resquícios dessa maneira [*Manier*]. Em geral acredito que — com todo respeito pela teoria — por meio da prática se chega mais longe

[104] Palavras acrescentadas em parênteses por Schlegel.

com o sentimento do que é decoroso do que com sua teoria. A suspeita de que os gregos possam ter sido um pouco superiores a outros povos no sentimento do que é decoroso deve nos deixar mais cautelosos ao censurá-los.

Os apaixonados amigos da correção [*Korrektheit*] também são injustos quando — de acordo com o princípio do virtuosismo — desconsideram a beleza e exigem um máximo de artificialidade; ou quando simplesmente censuram gêneros poéticos limitados; embora estes gêneros não sejam misturados de forma artificial, mas sejam originalmente autênticos e perfeitos em sua orientação. A arte é apenas o instrumento da beleza, e todo gênero poético através do qual esse objetivo possa ser alcançado, ainda que sob certas restrições, é útil em seu contexto. Naturalmente, em termos do grau de força e de extensão é possível encontrar uma grande diferença entre os gêneros poéticos autênticos; mas apenas merecem ser certamente censuradas as misturas monstruosas e as espécies imaturas, quando surgem a partir das fraquezas do artista, não sendo fundamentadas na progressão necessária da formação.

Um exemplo curioso de como é preciso estar atento às influências imperceptíveis, mas poderosas, do subjetivo sobre os juízos estéticos pode ser encontrado nas usuais objeções contra as *sentenças* e principalmente contra o *tratamento do destino na tragédia ática.*[105] Em seu conjunto, a formação científica dos gregos encontrava-se muito aquém da nossa, e o poeta dramático precisava filosofar com cuidado para continuar sendo popular. Por essa razão, as sentenças filosóficas do coro trágico são quase sempre indeterminadas, confusas, muitas vezes triviais e não raramente totalmente falsas. Certamente, mediante um processo químico semelhante ao que descrevi acima seria possível deduzir delas muitos equívocos morais, os quais, se executados de forma consequente, seriam incompatíveis com uma moralidade pura. Devo repetir mais uma vez que tudo o que não se *manifesta* encontra-se além do *horizonte estético.* À poesia não

[105] Itálicos de Schlegel.

interessam coisas como riqueza, correção, determinação perfeita do pensamento. O interesse filosófico depende do grau de formação intelectual do sujeito receptor; é, pois, local e temporal. Apenas o modo de pensar [*Gesinnung*] deve ser tão sublime e belo em si, quanto permitam as condições da correção técnica, e ser também inteiramente apropriado ao contexto. O retorno a si mesmo precisa ser provocado por uma saída de si mesmo ocorrida anteriormente; a contemplação deve ser motivada; ela precisa conciliar o conflito entre a humanidade e o destino, e suportar o equilíbrio do todo. O fato do sentimento belo expressar seus presságios sobre coisas divinas, em uma linguagem metafórica que lhe é dada, pode suscitar infinitos infortúnios no âmbito da ciência, mas, no âmbito da arte representacional [*darstellend*] deve ser mais favorável que prejudicial.

O tratamento do destino na tragédia de Ésquilo faz com que se deseje uma harmonia ainda maior. Já em Sófocles, a satisfação atinge o mais elevado grau de perfeição que pode atingir, mas sem destruir a verdade poética, isto é, a possibilidade interna. Se a conclusão final do conjunto não é uma vitória gloriosa para a humanidade, ao menos é uma retirada honrosa. Naturalmente, em sua representação, ele não mistura nada que não deva ser representado ou que não possa aparecer. Ele procura resolver toda dissonância, proporcionando satisfação completa, não através da adorada divindade da natureza, que se encontra além do véu eterno, através do qual nenhum mortal pode ver, mas sim, por meio da divindade visível do homem. O reino de Deus encontra-se além do horizonte estético, sendo apenas uma sombra vazia sem espírito e força no mundo dos fenômenos. Na verdade, o poeta que ousa despertar nossa indignação por meio de uma maldade escandalosa ou uma escandalosa discrepância entre a felicidade e a bondade — acreditando que a satisfação mesquinha proporcionada pela visão da maldade castigada, ou mesmo a alusão àquele mundo é capaz de livrá-lo da responsabilidade — revela um *minimum* de sabedoria artística.[106]

[106] Em latim no original: mínimo.

***

"É verdade", se poderia pensar: "uma antiga tradição afirma e sempre repete que a imitação dos gregos é o único meio de reestabelecer a autêntica poesia.[107] Essa tradição foi refutada, por uma longa experiência, através das mais diversas tentativas, todas elas fracassadas. Percorreu-se qualquer biblioteca (pois ali é sua verdadeira pátria) atrás de um grande número de imitações artificiais, compostas de acordo com esses modelos. Mais cedo ou mais tarde, todas (essas imitações) tiveram uma morte lastimável, como seres soturnos sem consistência e força própria. Os poemas modernos que mais contrastam com o estilo grego são justamente os que continuam a viver e atuar com plena força juvenil, mesmo com todos os seus equívocos, porque estão cheios de originalidade genial."

A culpa não é da poesia grega, mas da maneira [*Manier*] e do método [*Methode*] da imitação, que acaba necessariamente sendo parcial, enquanto predominar a subjetividade nacional, e se buscar apenas o *interessante*. Só pode imitar a poesia grega aquele que a conhece inteiramente. Só pode imitar *realmente* a poesia grega aquele que se apropriou da objetividade de todo seu conjunto, do belo espírito dos poetas individuais e do estilo perfeito da Idade de Ouro.[108]

A separação do objetivo e do individual na poesia grega é algo infinitamente difícil. Embora não estejam divididos em partes cuja existência é autossuficiente, ambos os aspectos se encontram

[107] Referência direta a Johann Joachim Winckelmann e sua afirmação de que "o único meio de nos tornarmos grandes e, se possível, inimitáveis, é através da imitação dos antigos". WINCKELMANN, Johann Joachim. *Gedanken über die Nachahmung der griechischen Werke in der Malerei und Bildhauerkunst.* Stuttgart: Philipp Reclam Junior, 2003, p. 4.

[108] Em um de seus fragmentos Schlegel afirma algo semelhante: "Para poder traduzir perfeitamente dos antigos para o moderno, o tradutor precisa dominar tanto esse último que, se necessário poderia transformar todo o moderno e, ao mesmo tempo (deveria) entender o antigo de tal modo que, se necessário, poderia não apenas imitá-lo, mas também recriá-lo". SCHLEGEL, Friedrich. "*Athenäum* Fragmente". In: KA-II, p. 239, fragmento [393].

fundidos um no outro. O objetivo se espalha até os ramos mais finos dessa árvore vistosa; mas, em toda parte, o individual se mistura a ele enquanto elemento e órgão. Até agora, o individual das formas e órgãos gregos foi imitado demais. Os antigos foram modernizados quando se buscou transferir o princípio do *interessante* para sua poesia; quando se atribuiu à teoria de arte grega, ou a alguns poetas favoritos, uma autoridade que somente correspondia ao espírito do todo. Atribuiu-se a esses poetas uma autoridade ainda maior do que aquela que seria consistente com os direitos do gênio, do público e da teoria.

A mais antiga poesia didática dos gregos, como as teogonias, as obras dos fisiólogos e gnômicos só encontram seu verdadeiro lugar na época mítica da poesia. Pois naquela época, a filosofia ainda não havia se desprendido inteiramente, ou se separado claramente do mito, do qual ela surgiu; ali, o ritmo era o elemento natural da tradição, e a linguagem poética o órgão geral de toda comunicação espiritual elevada, antes do desenvolvimento da prosa. Com essa situação passageira, a naturalidade e a legitimidade dessas formas desapareceram, e o que restou para o poema didático tardio dos gregos, na época erudita da arte, foi apenas o seguinte princípio inválido: deixar intencionalmente à vista a artificialidade de eruditos orgulhosos em temas difíceis. Com isso, não se está negando a possibilidade de que exista um verdadeiro e belo poema didático em bom estilo — de uma representação ideal de uma bela matéria didática com intenção estética — e aqui também não é o lugar para determinar se alguns diálogos platônicos são filosofemas poéticos ou poemas filosóficos. Mas, basta! Entre os chamados poemas didáticos dos gregos não há tais poemas.

A épica grega é também uma forma local da qual se tinha a ilusão de saber muitas coisas estranhas. Esse gênero poético imaturo somente está em seu contexto apropriado quando ainda não existe uma história desenvolvida ou um drama perfeito; quando a lenda heroica é a única história, e quando a natureza humana dos deuses e seu trânsito com os heróis é uma crença geral do povo. Seria até possível imaginar que um povo pudesse voltar a ser infantil com a idade; é apenas porque a poesia épica dos gregos alcançou um nível tão supremo na época mítica que até mesmo as obras épicas dos alexandrinos e romanos possuem base e fundamento. A poesia e o mito foram o gérmen e a fonte de toda a cultura antiga; a epopeia foi a verdadeira florescência da cultura mítica. Até mesmo o poeta erudito da época tardia encontrou à sua disposição matéria determinada e instrumentos desenvolvidos. A receptividade estava preparada, tudo estava organizado, nada devia ser forçado.

As epopeias modernas, ao contrário, pairam no espaço vazio sem qualquer ponto de apoio. Grandes gênios desperdiçaram força hercúlea na tentativa de criar do nada um mundo épico, um mito afortunado. Um grande espírito pode até desenvolver e idealizar a tradição de um povo — essa fantasia nacional — mas não pode metamorfoseá-la ou criá-la do nada. A fábula nórdica, por exemplo, pertence indiscutivelmente aos mais interessantes objetos da Antiguidade: mas, o poeta que pretendesse colocá-la novamente em marcha precisaria ou permanecer geral e raso, ou — se quisesse ser individual e preciso — correr o risco de ter que comentar a si mesmo.

Esperamos em vão por um Homero; e por que deveríamos esperar exatamente apenas um Virgílio, cujo estilo artificial se distancia tanto do perfeitamente belo? Todas as tentativas de se organizar a poesia romântica de modo semelhante à epopeia grega e romana falharam. Tasso, por sorte, permaneceu no meio do caminho, não se distanciando muito da maneira [*Manier*] romântica. E são apenas alguns trechos isolados e não a composição do conjunto o que certamente o torna um dos poetas preferidos dos italianos. Desde cedo, uma leve troça [*Persiflage*], que muitas vezes se torna suficientemente ruidosa, se une à grandeza gigantesca, à vida fantástica do poema romântico. Essa permaneceu sendo a característica constante desse gênero de Pulci[109] até o Ricciardetto;[110] e Wieland — que matizou essa mistura caprichosa em quase todos os seus poemas românticos de um modo diferente, surpreendente novo e afortunado — permaneceu inteiramente fiel a ela. Isso certamente não foi acidental. A fábula e o traje românticos teriam que ser mais puramente humanos e mais belos em sua formação original para poder chegar a ser a matéria feliz de uma épica trágica, bela e organizada de forma simples. E quanta coisa Tasso não conservou que satisfaz plenamente as exigências de críticos modernos no que tange uma epopeia regular?

Apenas aqueles poetas que não se distanciam totalmente da verdadeira esfera da fantasia nacional são os que realmente *vivem* na boca e nos corações de sua nação.[111] Por outro lado, poetas que procedem de um modo totalmente arbitrário têm a infeliz sorte de acabar esquecidos em bibliotecas, até que — em casos raros! — apareça um estudioso com sentido para o belo, que saiba encontrar e apreciar o talento que se encontrava ali enterrado. E será que as tentativas mais arbitrárias tiveram sucesso em metamorfosear as fábulas românticas ou lendas cristãs em um mito belo e ideal? De forma alguma!

Naturam expelles furca: tamen usque recurrent.[112]

Era e permanece sendo impossível insuflar na massa bárbara uma alma grega. Quando o maravilhoso, a força e a vida encantadora se ressentem do equilíbrio propício, da livre harmonia, em

[109] Luigi Pulci (1432-1484), poeta italiano conhecido principalmente por seu poema épico *Morgante* (1478).

[110] Niccoló Forteguerri (1674-1735), acadêmico, presbítero e poeta italiano adaptou narrativas do poema épico *Orlando furioso,* de Ludovico Ariosto (1474-1533), em seu *Ricciardeto.* Utilizava o pseudônimo de Niccoló Carteromaco.

[111] Itálico de Schlegel.

[112] Em latim no original: “Expulsarás a natureza com um forquilho [*furca*], mas, ainda assim, ela retornará”. Horácio. Epístola I. 10.24. Schlegel burca expressar a ideia de que não se pode banir a natureza com artificialismos, porque ela retornará ainda mais renovada. O artificialismo na criação, trabalho e tratamento artísticos não substitui o gênio natural, a espontaneidade natural dos gêneros poéticos e formas artísticas.

resumo, quando falta a bela organização, a tensão trágica pode até ser suscitada, mas não pode se manter por muito tempo sem a monotonia e a frieza, assim como não consegue se espalhar uniformemente por todo o conjunto. A grandeza excêntrica possui uma ânsia [*Sehnsucht*] irresistível por seu extremo oposto, de modo que é somente através da união feliz com a paródia que a fantasia trágica recebe atitude e permanência. A estranha mistura do trágico e do cômico torna-se a beleza peculiar de uma formação híbrida nova e encantadora. Essa combinação não é de modo algum originalmente monstruosa, e nem proibida em si. De fato, em força e coerência ela permanece muito aquém dos gêneros puros, principalmente do trágico: mas, nenhuma forma na qual o objetivo da arte representacional — a beleza — possa ser alcançada; nenhuma forma que não tenha sido criada de forma artificial e mecânica [*mechanisch erkünstelt*], mas gerada organicamente pela natureza plástica é simplesmente descartável, apenas porque aqui os limites que restringem toda forma tornaram-se um pouco mais estreitos. Embora essa variante possua pretensões mais simples, ela também tem pleno direito de cidadania no reino da arte. É surpreendente como a florescência mais encantadora da poesia moderna concorda com a variante grega em seu caráter essencial, por mais diferente que seja a forma externa local. De acordo com a técnica grega, o romance é uma épica satírica. No drama ático, a energia bruta originária da natureza real, na qual os elementos opostos se fundiam completamente, foi dividida em energia trágica e energia cômica, após o que elas foram novamente misturadas, de modo que a energia trágica alcançou um leve predomínio;[113] pois, em situação de equilíbrio completo as duas forças opostas se anulariam ao se encontrar. Surge daí a variante dos dramas satíricos, dos quais restou apenas uma arte muito medíocre e em mal estilo. Os esboços dramáticos dos dórios jamais se elevaram

[113] Não tanto na energia, mas principalmente na matéria, nos trajes e nos órgãos; também por essa razão os comediógrafos jamais foram autores de dramas satíricos. (Nota de Schlegel.)

ao ponto daquela divisão (em energia trágica e energia cômica), e seu chiste [*Witz*] alegre e natural era apenas subjetivo, local e lírico, jamais objetivo e verdadeiramente dramático. Mas, na energia ainda misturada e rude dos mimos dóricos predominava o cômico. Tivéssemos ainda o *Margites* de Homero,[114] alguns dramas satíricos de Pratinas[115] ou de Ésquilo, algumas emanações do humor dórico nos mimos de Sofrón,[116] e nas *hilarotragédias* de Rintón,[117] então talvez possuíssemos com eles alguma medida de apreciação, ou ao menos razão para traçar um paralelo interessante com o grotesco encantador do divino mestre Ariosto, e com a alegre magia da fantasia de Wieland. Faltava a noção do que é adequado aos homens sérios que quiseram idealizar o encanto fantástico do romance para a epopeia trágica. Até mesmo a *Talia*[118] épica dos modernos, o romance de cavalarias, vingou-se cruelmente daqueles que o menosprezavam, pois, diante de todo o público que de nada suspeitava, ele debochou de si mesmo.

O uso de matéria mítica na tragédia oferece dificuldades semelhantes àquelas da épica. Ela não é adequada onde ainda exista fábula nacional. Uma fábula estrangeira ou ultrapassada terá de escolher entre a trivialidade e a incompreensibilidade erudita. A matéria histórica ou inventada prende o poeta e o público de uma forma extraordinária; sua pesada carga como que oprime o livre desenvolvimento do todo. Quanto esforço não é necessário para orientar o público de forma séria, para fazer com que o desconhecido lhe seja familiar? Através de um mito de conhecimento geral, os tragediógrafos gregos conseguiam ir direto ao ponto. Assim, a atenção do público era mais livre, e se concentrava por si mesma

[114] Schlegel se refere ao *Margites,* obra cômica citada por Aristóteles em sua *Poética*: "Na verdade, o *Margites* tem a mesma analogia com a comédia, que têm a *Ilíada* e a *Odisseia* com a tragédia". ARISTÓTELES. *Poética.* Eudoro de Sousa (Trad.). Lisboa: Imprensa Nacional/Casa da Moeda, 1986, p. 108. (1448b-1449a).

[115] Dramaturgo grego (c. 300 a.C.).

[116] Sofrón de Siracusa, escritor de mimos (c. 400 a.C.).

[117] Rintón (c. 300 a.C.) autor de comédias, cuja especialidade era a *hilarotragédia* as quais eram farsas que tomavam matéria trágica como seu elemento principal.

[118] Musa da comédia na mitologia grega. Schlegel acrescenta em edição posterior: "Aquela estranha musa dos jogos românticos e dos contos de cavalaria".

mais na forma, não se apegando servilmente à pesada massa. De fato, é trabalho verdadeiramente hercúleo poetizar por completo uma matéria ainda rude, expandir o mais ínfimo detalhe em contornos simples e grandes e, especialmente, purificar a mistura indissolúvel da natureza segundo a orientação determinada e ideal da tragédia. O equilíbrio necessário entre forma e matéria tornou-se tão infinitamente difícil para o tragediógrafo moderno, que quase se levanta a dúvida se ainda seria possível uma bela tragédia. Além disso, em nossa cultura artificial toda orientação singular é confundida e apagada. Mas, parece ser necessário que a própria natureza, com sua mão firme, aponte o caminho para o dramaturgo, facilitando-lhe a divisão entre o trágico e o cômico. Alegro-me por poder mencionar aqui um exemplo alemão, o qual desperta grandes esperanças, e afasta todas as dúvidas pusilânimes O gênio originário de Schiller é tão decididamente trágico como o de Ésquilo, cujos contornos ousados parecem ter sido criados pela natureza formadora [*bildende*] em um momento de elevado entusiasmo. Ele nos recorda que aos gregos parecia impossível que o mesmo poeta criasse tragédias e comédias.[119] De fato, em *Dom Carlos* a poderosa ânsia de beleza de caráter e de bela organização do todo é pressionada ou até contida pelo peso colossal da obra e o mecanismo artificial da composição.[120] O vigor da energia trágica demonstra não apenas a grandeza da força genial, mas também testemunha, em sua pureza, a vitória do artista sobre a matéria resistente.

Na verdade, seria muito fácil escrever um livro sobre a confusão entre o objetivo e o local na poesia grega. Mas, contento-me em acrescentar algumas breves observações sobre o que já foi comentado. Na época do apogeu da poesia lírica, a prosa e a eloquência pública ainda estavam engatinhando[121]. A música, e

[119] Platão, *República*. Livro III. (Nota de Schlegel.) Na referida passagem da *República* de Platão, Sócrates discute com Adimanto sobre os aspectos positivos e negativos de poetas serem ao mesmo tempo tragediógrafos e comediógrafos.

[120] Trata-se da tragédia em cinco atos de Friedrich Schiller (1759-1805), *Dom Carlos, Infante von Espanha*, escrito entre 1783 e 1787.

[121] Em alemão, como em inglês, a expressão correspondente é "ainda estavam no berço": "*waren noch in der Wiege*".

uma linguagem poética rítmica e mítica eram o elemento natural de uma efusão de sentimentos masculinos e femininos, assim como o verdadeiro órgão da alegria festiva popular e do entusiasmo público. O poeta lírico em geral, como o poeta grego, precisa parecer que fala em sua linguagem originária (língua materna); a mínima desconfiança de que usa um traje de gala emprestado pode destruir toda a ilusão e todo o efeito. Tanto faz se representa a situação de um único temperamento individual ou de todo um povo, ele deve ter uma autêntica competência para falar. A situação representada não deve, de forma alguma, ser composta de forma artificial, mas encontrar a verdadeira motivação em um objeto já conhecido, por mais ilimitada que seja a liberdade do poeta no tratamento desse objeto. Pois, uma situação lírica que fosse inteiramente inventada poderia ser em si um fragmento arrancado de um drama; ela (a situação lírica) deve ser imanente a um objeto completamente inventado e desconhecido, cuja representação já adentre a esfera dramática.

O antigo epigrama grego, junto com a apologia, encontra seu verdadeiro lugar na época mítica da poesia. O epigrama grego tardio, ao contrário, na época da afetação e da decadência.

Se o interesse do idílio reside no material e no contraste com o mundo individual e circundante, então o absoluto é uma heteronomia estética censurável. Além disso, a representação épica ou dramática de uma atmosfera originalmente lírica ou é um equívoco por parte do artista, ou um sinal seguro da decadência geral da arte. Se é uma questão de representação de belos quadros da vida rural e doméstica, então Homero é o maior de todos os poetas idílicos. Mas, quase sempre se quis deixar as cópias artificiais da naturalidade para os alexandrinos.

A tradução de Homero realizada por Voss é uma brilhante demonstração da fidelidade e da adequação com que se pode recriar a língua do poeta grego em alemão.[122] Sem dúvida alguma, seu

[122] Johann Heinrich Voss (1751-1826), poeta, tradutor e filólogo, publicou em 1781 uma consagrada tradução da *Odisseia* em alemão.

ideal foi cuidadosamente pensado e executado com perfeição. Mas, coitado do imitador dos gregos que se deixar seduzir pelo grande tradutor! Se não souber separar o espírito objetivo da forma local, aqui, onde eles estão tão intimamente fundidos, ele está perdido. A obra imortal do grande historiador dos modernos, a *História da Suíça*, de Johannes Müller,[123] foi planejada e realizada no grandioso estilo romano. A obra respira em seus detalhes, de ponta a ponta, o autêntico espírito dos antigos; apesar disso, no todo ela decai novamente no amaneirado [*Maniriert*], porque tanto o espírito clássico quanto a individualidade antiga caracterizam-se pela afetação.

Em suas *Conversas gramaticais*, Klopstock demonstrou de um modo inteiramente diferente daquele de Voss, mas de maneira muito clara, quanto a língua alemã poderia alcançar na reprodução da expressão grega e romana.[124] Os exemplos são tão variados, quanto cada um deles é admiravelmente perfeito em seu gênero. Sua simples excelência consiste em ser o mais fiel possível à língua original, no alemão mais autêntico, puro, vigoroso e agradável. Ambos os modos (de Voss e de Klopstock) me parecem igualmente imprescindíveis para a disseminação geral do autêntico gosto. Apenas quando tivermos uma tradução clássica de muitos dos maiores poetas antigos, no estilo de Voss e de Klopstock, é que se pode esperar uma grande influência e uma transformação completa do gosto geral. Pode-se felicitar a língua alemã pela semelhança de sua formação rítmica — ainda que distante — com o ritmo grego. Mas é preciso não se iludir com os limites dessa semelhança! Por exemplo, de acordo com os princípios gregos, um hexâmetro que utiliza o troqueu[125] como

[123] Johannes von Müller (1752-1809), historiador suíço.

[124] Friedrich Gottlieb Klopstock (1724-1803), foi um poeta alemão. Autor do poema épico *Der Messias* [O messias]. Foi grande admirador da obra dos suíços Jakob Bodmer e Jakob Breitinger, cuja defesa apaixonada do maravilhoso em John Milton influenciaria o movimento pré-romântico *Sturm und Drang* [Tempestade e ímpeto]. A obra de Klopstock a que se refere Schlegel, *Grammatische Gespräche* [Conversas gramaticais] foi publicada em 1794.

[125] Unidade rítmica ou melódica do verso grego. O troqueu ou coreu tem uma sílaba longa e uma breve.

elemento essencial não pode, de forma alguma, servir ao metro épico, cuja orientação deve ser inteiramente indeterminada para que sua duração também possa ser completamente ilimitada. O movimento contínuo em uma determinada direção, o uso épico de um ritmo lírico, criam necessariamente uma monotonia interminável, fatigando até mesmo a mais dedicada atenção. Os princípios musicais do ritmo antigo parecem em geral tão absolutamente diferentes daqueles do ritmo moderno, como é diferente do nosso o caráter da música grega, e sua relação com a poesia. Mesmo que em determinadas condições o ritmo grego seja objetivo em algum elemento local, ele não pode ter autoridade para nós; tão pouco pode nos servir como norma a teoria dos músicos gregos, ainda que seja um instrumento indispensável para a correta explicação da prática, ou para o estudo do próprio ritmo.

Ainda não desapareceu por completo uma espécie de espectro falso, o qual é honrado como a verdadeira clacissidade [*Klassizität*], por aqueles que alimentam a esperança de se tornarem imortais através de um entalhe artificial de expressões pomposas. Mas, nada é menos clássico do que afetação, exagero de adornos, magnificência fria e minuciosidade apreensiva. As obras trabalhadas à exaustão dos eruditos alexandrinos pertencem já à época da decadência e da imitação. Por outro lado, os produtos mais perfeitos das melhores épocas podem até ser executados com rigor, juízo afinado e de um modo circunspecto, mas são esboçados em meio ao entusiasmo mais elevado — até mesmo em êxtase. O grande número de obras dos maiores dramaturgos já demonstra que não foram trabalhadas à exaustão, mas compostas livremente, de modo que a quantidade de tempo e o volume do trabalho empregados não são medidas para a aferição do valor de uma obra de arte.

Entre os poetas modernos apenas poucas exceções podem ser apreciadas segundo o grau de aproximação ao objetivo e ao belo. No conjunto da poesia, o *interessante* continua sendo a verdadeira medida moderna de aferição do valor estético. Transportar esse ponto de vista para a poesia grega significa modernizá-la. Quem considera Homero somente *interessante* o profana.[126] O mundo homérico é um quadro tão completo quanto simples de se compreender; o encanto originário da época dos heróis se eleva infinitamente no ânimo de quem conhece a desordem da má-formação [*Mißbildung*], mas ainda não perdeu inteiramente o sentido para a natureza; e um cidadão insatisfeito de nosso século pode facilmente achar que encontrou tudo o que lhe faltava na perspectiva da encantadora simplicidade, da liberdade e da cordialidade dos gregos. Uma tal perspectiva Wertheriana do venerável poeta não é um prazer puro do belo e nem uma apreciação pura da arte.[127] Quem se deleita com o contraste entre a obra de arte e seu próprio mundo individual, na verdade, está apenas a parodiando em pensamento, tanto faz se sua disposição é cômica ou séria[128]. E tão pouco pode a autoridade — à qual apenas a contemplação completa, perfeita e bela pode ter a pretensão — ser transportada para uma avaliação parcial, meramente interessante de uma parte da obra.

Não se deve imitar *este* ou *aquele* poeta, nem o *poeta favorito* isolado, nem a forma local ou o *órgão individual*; pois, *um indivíduo enquanto tal jamais poderá ser a norma universal.*[129] O poeta moderno que queira aspirar à autêntica bela arte deve se apropriar da plenitude moral, da livre regularidade, da humanidade liberal, da bela simetria, do delicado equilíbrio, da perfeita adequação, as quais devem estar mais ou menos distribuídas por toda a obra; além disso, deve conhecer o estilo perfeito da Idade de Ouro, da autenticidade e pureza dos gêneros poéticos gregos, em resumo: o espírito do todo, o puro sentimento grego [*Griechheit*].

[126] Como se buscou demonstrar, *interessante* em Schlegel remonta ao âmbito moderno da reflexão, da subjetividade, da aparente ausência de coesão entre as partes e o todo da obra, entre outras características.

[127] Schlegel refere-se a uma perspectiva semelhante à do romance *Os sofrimentos do jovem Werther,* de Johann Wolfgang Goethe.

[128] A necessidade de que a obra de arte represente o individual e subjetivo de forma indireta e universal é uma constante nos escritos de Schlegel.

[129] Itálicos de Schlegel.

Não se pode imitar adequadamente a poesia grega enquanto não se a conhece de verdade. Apenas quando for estudada em seu conjunto é que se poderá explicá-la filosoficamente e apreciá-la esteticamente, pois ela é um todo tão profundamente interligado, que é impossível compreender e julgar corretamente mesmo a mínima parte sem considerar o seu contexto. De fato, toda a cultura grega é um todo que só pode ser conhecido e apreciado em seu conjunto. Além do talento originário do conhecedor de arte, o historiador da poesia grega deve trazer consigo os *princípios e conceitos de uma filosofia objetiva da história* e uma *filosofia objetiva da arte*, para que seja capaz de buscar e encontrar os princípios e organismos da poesia grega.[130] E tudo depende disso.

É verdade que alguns grandes poetas da Antiguidade são quase familiares entre nós; o público escolheu do modo mais afortunado entre os que puderam ser aproveitados, e os que, ao menos individualmente, foram mais facilmente compreendidos. Outras obras não puderam se tornar populares, sobretudo aquelas para cuja individualidade heterogênea não se encontrou nenhuma analogia em toda a esfera subjetiva dos modernos; aquelas que permanecem inteiramente incompreensivas caso não se tivesse o conhecimento dos princípios e do organismo de todo o conjunto da poesia grega; e as cuja altura ideal se sobrepunha demasiadamente à estreiteza até mesmo do bom gosto dominante. É claro que o conhecimento completo da arte grega não é possível ou adequado a todo aficionado que talvez queira apenas formar a si mesmo mediante o prazer com o belo.[131] Mas, no caso do poeta, do conhecedor de arte e do pensador — que queira não apenas conhecer e se exercitar na autêntica bela arte, mas também divulgá-la — pode-se exigir que não se intimide ante qualquer dificuldade, pois é um meio indispensável para alcançar seu objetivo. As obras de Píndaro, Ésquilo, Sófocles, Aristófanes são pouco estudadas e ainda menos

[130] Itálicos de Schlegel.

[131] A questão da formação [*Bildung*] e da autoformação [*Selbstbildung*] encontra-se no centro das reflexões de diversos pensadores dessa época.

entendidas. Isso significa que quase se desconhece completamente os mais perfeitos gêneros poéticos da poesia grega, o período do ideal poético e a Idade de Ouro do gosto grego.

Além disso, mesmo a apreciação mais elaborada daqueles poetas populares poderá conter algum equívoco sem o conhecimento específico de seu verdadeiro contexto e seu lugar no todo. Os poemas de Homero são a fonte de toda a arte grega. Na verdade, eles são a base da cultura grega em geral, a flor mais perfeita e bela da época mais sensual da arte. Apenas não se deve esquecer que a poesia grega alcançou graus ainda mais elevados de arte e de gosto.

Se houvesse um substituto para o que é insubstituível, então Horácio poderia de algum modo nos consolar pela perda dos grandes poetas líricos gregos, os quais não representavam a situação pública do conjunto de costumes em nome do povo, mas, ao contrário, cantavam os belos sentimentos de indivíduos particulares. Ao mesmo tempo, ele contém o que de mais saboroso nos chegou — entre os poucos produtos artísticos inteiramente peculiares — do autêntico espírito romano. Esse "poeta favorito de todas as pessoas cultas" foi desde sempre um grande mestre da humanidade e das ideias liberais.[132] Suas odes patrióticas são um venerável monumento do elevado sentido romano, nos recordando que até mesmo Brutus estimava a virtude civil do poeta. Sua moralidade lírica é natural, ou pelo menos interiorizada e incorporada por ele mesmo. Mas, ao oscilar entre o arquétipo grego e a motivação romana, falta à maioria de seus cantos uma ligeira unidade. Além disso, não se deve colocar tanta ênfase em seus poemas eróticos. É até mesmo possível encontrar neles traços isolados do filósofo amável, do artista valoroso, mas em seu conjunto eles quase sempre são duros e, como dizem os romanos, um pouco grosseiros. A escolha dos ritmos também revela, aqui e acolá, a decadência do gosto musical.

[132] Ênfase de Schlegel.

A excessiva admiração dedicada a Virgílio é algo que não consigo justificar, mas posso perdoar. Para o amigo do belo, sua obra pode até ser limitada, mas para o estudo por parte do conhecedor de arte e do artista ela permanece sendo extremamente digna de atenção. Com gosto peculiar, esse artista erudito escolheu entre a rica variedade de poetas gregos as obras e traços individuais, fundindo-os com perspicácia, ao mesmo tempo em que os aprimorou, refinou e tratou com diligência. O todo é uma obra fragmentária,[133] sem organização e bela harmonia, mas pode ser considerado como o auge da época erudita e artificial da poesia antiga. Através do fresco vigor romano de seu talento poético, ele supera de longe os debilitados gregos daquela época em seu próprio estilo, embora lhe falte o último acabamento e refinação dos alexandrinos. Ele não é o mais perfeito nesse estilo imperfeito, mas é o mais notável.

A ideia mais desafortunada que já se teve — de cuja predominância geral ainda restam muitos traços — foi a de atribuir à crítica e teoria da arte gregas uma autoridade que é inteiramente inaceitável no campo da ciência. Aqui, acreditou-se haver encontrado a verdadeira *pedra filosofal da estética*,[134] e as regras isoladas de Aristóteles, assim como os epigramas de Horácio foram utilizados como amuletos poderosos contra o demônio maligno da Modernidade. Apenas mais tarde é que a esfarrapada indigência dos adeptos levantou alguma suspeita sobre a autenticidade do segredo.

A conclusão equivocada da qual se partia era, nas palavras de Hurd: "Os antigos são mestres na composição; assim, aqueles entre seus escritos que dão instruções para o exercício dessa arte devem ser do mais alto valor".[135] De modo algum! O gosto grego já se

[133] Schlegel usa a expressão *Stückwerk*, literalmente, uma "colcha de retalhos".

[134] A pedra filosofal [*Lapis philosophorum*] é um objeto lendário capaz de transformar qualquer coisa em ouro. Foi uma das principais aspirações dos alquimistas na Idade Média.

[135] Richard Hurd (1720-1808). Traduziu a *Arte poética* de Horácio para o inglês: *Epistola ad Pisones: With an English Commentary and Notes*. A passagem citada por Schlegel encontra-se na introdução dessa tradução de Richard Hurd.

encontrava inteiramente degenerado enquanto a teoria ainda engatinhava. A teoria não pode conferir talento, e a teoria grega jamais determinou o objetivo e o ideal do artista, o qual apenas obedecia às leis do gosto público. Mesmo uma perfeita filosofia da arte não seria suficiente para o reestabelecimento do gosto autêntico. Os pensadores gregos e romanos (a julgar por fragmentos, relatos e analogias) tinham tão pouca posse de um sistema completo das ciências objetivamente estéticas, que não existia sequer a tentativa, o esboço, e muito menos uma ânsia constante por tal sistema. Nem mesmo os limites e o método haviam sido determinados; ou sequer se havia definido o conceito de uma ciência universalmente válida do gosto e da arte; e até mesmo sua possibilidade não estava de modo algum deduzida.

É inegável que os fragmentos críticos dos gregos contenham importantes contribuições para o esclarecimento da poesia grega, assim como excelente material para a futura realização e aperfeiçoamento do sistema.[136] Análises exaustivas, como a realizada por Dionísio, são inestimáveis, e mesmo o juízo estético mais ínfimo pode ter um grande valor.[137] Os conceitos e determinações aplicados se referiam a intuições perfeitas, de modo que não poderiam ser simplesmente substituídos pela ciência pura. Os juízos encontravam-se sob a orientação infalível de um sentimento que fora afinado corretamente em sua origem, e a capacidade de receber e apreciar belas representações era quase tão perfeita e única entre os gregos, como a capacidade de criá-las. Em geral, é na parte teórica da ciência estética onde se encontra o grande valor dos críticos tardios, especialmente na (parte) aplicada; na parte prática, os princípios e conceitos mais gerais, sobretudo dos antigos filósofos, são mais valorosos.

[136] É interessante o fato de que o mesmo se aplica aos fragmentos e escritos dos românticos de Iena, os quais são uma inestimável fonte de estudo e pesquisas não apenas para a compreensão de seu *Zeitgeist*, mas para a reflexão teórica em geral.

[137] Schlegel provavelmente se refere ao escrito *De Compositionen Verborum* [A composição das palavras], de Dionísio de Halicarnasso (séc. I a.C.), professor de retórica e historiador grego. O escrito de Dionísio foi muito estimado por teóricos como Boileau, Batteux, Racine, Winckelmann e diversos estudiosos da Antiguidade clássica.

A fonte de toda cultura, e de toda doutrina e ciência dos gregos foi o *mito*. A poesia foi a mais antiga e única mestra do povo, antes do surgimento da eloquência. O pensamento mítico de que a poesia era um dom e uma revelação dos deuses, e de que o poeta era um sacerdote sagrado e porta-voz dos mesmos, permaneceu por todas as épocas uma crença popular grega. A ela se relacionam as doutrinas de Platão, e provavelmente também as de Demócrito sobre o entusiasmo musical e a divindade da arte. Em geral, a exposição popular (exotérica) da filosofia grega possuía um colorido mítico. Assim como entre nós os artistas procuram ser aceitos enquanto eruditos e pensadores — talvez porque seus méritos individuais teriam menos valor para as massas — naquela época os filósofos gregos ainda costumavam se passar por músicos e poetas. As doutrinas platônicas sobre a destinação [*Bestimmung*] da arte são o material grego mais admirável para a filosofia prática da arte que nos restou. A filosofia prática dos mais antigos pensadores gregos era inteiramente política.[138] Por outro lado, em seus fundamentos essa política estava longe de ser apenas a escrava da experiência, ao contrário, era inteiramente racional, mas na exposição e organização ela se aproximava totalmente ao dado e existente. A filosofia grega, diferentemente da arte grega, jamais alcançou o grau de independência completa da formação; especialmente em Platão, a organização de todo o conjunto dos filosofemas individuais não é determinado a partir do interior, mas é criado e formado a partir do exterior. Por essa razão, para se compreender a doutrina platônica da arte é necessário conhecer não apenas a origem mítica da cultura grega em geral, mas também todo o conjunto da formação política, moral e filosófica dos gregos, em toda a sua extensão! Entre os sofistas, ainda que de outro modo, o que era reconhecido publicamente também constituía o fundamento

[138] "Política no antigo sentido da palavra, no qual a mesma abarcava não apenas o estado da vida comunitária dos cidadãos e suas instituições, mas também os costumes, e toda a vida, assim como as lendas sobre os deuses, e até mesmo todas as formas de devoção". (Nota de Schlegel acrescentada na edição posterior.)

de partida e o ponto de chegada de suas aspirações e doutrinas, inclusive aquelas sobre o belo e a arte.

Em Aristóteles, a estética teórica ainda está em sua infância, e a (estética) prática já decaiu por completo. Sua doutrina sobre a destinação da arte, no oitavo livro da *Política*, testemunha uma mentalidade liberal e ideias não totalmente inadequadas, ainda assim, a perspectiva não é mais política, apenas moral. Na *Retórica*, e nos fragmentos da *Poética*, ele trata a arte apenas fisicamente [*physisch*], sem considerar a beleza; considera a arte apenas de um modo histórico e teórico. Quando ocasionalmente faz um juízo estético, expressa apenas um sentido agudo para a exatidão da estrutura do todo, e para a perfeição e refinamento das relações. Com que frequência nele e em retóricos tardios encontram-se alusões isoladas — incompreensíveis ou extremamente difíceis de decifrar — a obras já desaparecidas, e a coisas que nos são inteiramente desconhecidas? De fato, o todo é muitas vezes composto a partir de uma perspectiva individual. Do mesmo modo, o principal ponto de vista através do qual Quintiliano determina o valor de um poeta é sua adequação para ensinar jovens declamadores a conversas de um modo artificial. A motivação individual das epístolas críticas de Horácio, toda a essência de suas relações especiais — sua situação cósmica — às vezes nos são inteiramente desconhecidas, outras vezes conhecemos apenas uma parte; e entre muitas hipóteses prováveis ou engenhosas tateamos completamente no escuro.

Quando se trata de conhecer os gregos de forma universal e perfeita, todos os elementos desse conhecimento encontram-se em ação recíproca [*Wechselwirkung*], de modo que o estudo da teoria de arte grega é certamente uma parte integrante de todo o estudo da cultura grega em geral, ou da cultura estética em especial. Mas, na metodologia de tal estudo completo, a crítica grega deveria vir em um momento bem tardio. É preciso que se conheça todo o conjunto, o organismo e os princípios da poesia grega para poder buscar e achar as pérolas que ainda se encontram ocultas nos escritos críticos dos gregos.

***

Estou muito distante da presunção ditatorial, das reformas despóticas de supostos representantes da humanidade que projetam tantas coisas, mas em seus cadernos não há uma sílaba, que decretam tantas coisas que nem mesmo a vontade pública nas assembleias primordiais da humanidade decretariam. A afirmação de que uma ciência universal do belo e da representação, e a correta imitação dos arquétipos gregos são as condições necessárias para o reestabelecimento da autêntica bela arte é tão pouco arbitrária, que não chega mesmo a ser algo novo. Eu me contento com o modesto mérito de haver rastreado a trajetória da cultura estética, de ter adivinhado com êxito o sentido da história da arte até agora, e de ter encontrado uma grande perspectiva para a história futura. Talvez tenha tido sucesso em esclarecer alguns pontos obscuros, e solucionar algumas contradições, procurando determinar para cada manifestação evidente o seu lugar correto no grande conjunto das leis eternas da formação da arte. Podem servir como recomendação e ratificação do compêndio escrito: (primeiro) que o conflito entre a formação estética antiga e moderna caia por terra, de acordo com essa minha perspectiva;[139] (segundo) que o conjunto da história da arte antiga e moderna surpreenda em virtude de sua profunda coesão interna, e satisfaça inteiramente em virtude de sua perfeita adequação.

De acordo com esse ponto de vista, todo grande produto do gênio moderno, mesmo o mais excêntrico, é um autêntico avanço, totalmente adequado em seu lugar, e, por mais heterogênea que seja sua perspectiva exterior, na verdade é uma aproximação ao antigo. A necessidade de que haja uma progressão gradual no desenvolvimento não é uma apologia da debilidade, a qual

[139] Esse trecho é de suma importância para compreender o papel de Schlegel na resposta alemã à *Querelle des anciens et des modernes*, isto é, o conflito para saber a quem pertencia a primazia na formação estética da arte, aos antigos ou aos modernos.

permanece atrás da medida de excelência já alcançada, mas uma explicação e justificativa para as deficiências e excessos do verdadeiro grande artista, o qual pode até antecipar algumas etapas da trajetória da formação, acelerando sua evolução, mas não pode passar por cima de etapas inteiras.

A história da formação da poesia moderna não representa nada mais que o constante conflito entre a disposição subjetiva e a tendência objetiva da faculdade estética, com a predominância gradual desta última. A cada alteração substancial na relação entre o objetivo e o subjetivo principia uma nova etapa da formação. A poesia moderna já percorreu dois grandes períodos de formação, os quais não se sucedem como blocos isolados, mas se interpenetram como os elos de uma corrente, e agora se encontra no início do terceiro período. No *primeiro período*, o caráter nacional parcial predominou inteiramente por todo o conjunto da formação estética, e apenas aqui e acolá se fazia sentir alguns traços da direção dos conceitos estéticos e da tendência ao antigo; no *segundo período*, a teoria e a imitação dos antigos predominavam em grande parte do conjunto, mas a natureza subjetiva era muito poderosa para obedecer inteiramente à lei objetiva, mesmo assim ela foi ousada o suficiente para se introduzir furtivamente sob o nome da lei. A imitação e a teoria, e com elas o gosto e a própria arte permaneceram parciais e nacionais. A subsequente anarquia de todas as maneiras [*Manieren*][140] individuais, de todas as teorias subjetivas, e das diversas imitações dos antigos e, finalmente, o apagamento e a destruição da nacionalidade parcial caracterizam a crise da passagem para o terceiro período. No terceiro período, o objetivo é realmente alcançado, ao menos em alguns pontos isolados do conjunto: a teoria objetiva, imitação objetiva, arte objetiva e gosto objetivo.

[140] Como foi dito, para Schlegel não há *estilo* entre os modernos, mas apenas *maneira* [*Manier*]. Estilo pressupõe um todo orgânico, coeso, cujos elementos apontam para a mesma unidade. Ainda assim, no caos das manifestações da literatura moderna (na estrutura multifacetada, na ausência de causalidade aparente, na problematização de sua forma e matéria, na literatura que reflete sobre si mesma), o pensador alemão identificava uma grandeza diferente daquela da literatura dos antigos.

Mas, o segundo período se estendeu apenas por uma parte de todo o conjunto da poesia, e o início do terceiro período somente por alguns pontos isolados do conjunto; assim, uma significativa parte do segundo período permanece até hoje na primeira etapa (da formação), de modo que o objetivo de gêneros poéticos inteiros continua sendo apenas a representação fiel da mais interessante vida nacional. Assim como o caráter nacional dos povos europeus já experimentou três grandes evoluções em três crises decisivas — na época das Cruzadas, na época da Reforma, na época do descobrimento da América, e em nosso século — a poesia nacional dos modernos floresceu três vezes, em três épocas diferentes.[141]

Foi a situação da formação estética da época atual que exigiu que observássemos todo o passado. Agora, retornamos ao ponto de onde saímos. Os sintomas que caracterizam a crise da passagem do segundo para o terceiro período da poesia moderna estendem-se por toda parte, e aqui e acolá já se fazem sentir, de forma inconfundível, os primeiros passos de uma arte objetiva e de um gosto objetivo. Talvez, nenhum outro momento em toda a história do gosto e da poesia foi tão característico de seu conjunto, tão rico em consequências do passado, e tão prenhe de germes para o futuro; é chegada a hora de uma importante revolução da formação estética.[142] O que agora apenas se deixa adivinhar, no futuro se saberá com certeza: que nesse momento importante, entre outras grandes crises, a sorte da verdadeira bela arte é decidida na balança do destino. Jamais a indiferença

[141] Os três períodos descritos nos trechos anteriores referem-se apenas à poesia (literatura) dos modernos, que, para Schlegel, principia com Dante Alighieri. Como demonstra em seus *Fragmentos sobre poesia e literatura,* assim como em *Conversa sobre a poesia,* a poesia moderna (ou romântica) encontrava nos "antigos modernos" (Dante, Petrarca, Boccaccio, Guarini, Tasso) sua primeira fase; em Cervantes e Shakespeare a segunda fase, e em Goethe sua terceira fase. Sobre esse assunto ver: MEDEIROS, Constantino Luz. *A invenção da modernidade literária. Friedrich Schlegel e o romantismo alemão*, op. cit.

[142] Em alemão, *Die Zeit ist reif,* literalmente "o tempo está maduro", significa igualmente: "é tempo", "é chegada a hora", "é chegado o momento". Essa revolução estética a que se refere Schlegel, de certo modo, se concretiza nos escritos e teorizações do primeiro romantismo alemão, movimento que inaugura a modernidade literária.

inativa em face do belo, ou a orgulhosa segurança diante do que já foi alcançado foram tão despropositadas; mas também jamais se poderia esperar maior recompensa pelo esforço que a que promete a trajetória futura da formação dos modernos. Talvez as próximas épocas não olhem para a época atual com admiração devota, mas também não deixaram de olhar sem satisfação.

A teoria estética alcançou o ponto no qual o resultado objetivo, seja lá qual for, não deve estar muito distante. Após os exercícios pragmáticos introdutórios do instinto teorizante, cujo princípio fundamental era a autoridade, surgiu a verdadeira teoria científica (primeiro período). Aproximadamente na mesma época, os sistemas dogmáticos da estética empírica e da estética racional se desenvolveram e se formaram (segundo período); então, a antinomia das diversas teorias amaneiradas provocou o ceticismo estético (crise da passagem do segundo para o terceiro período). Isso foi a preparação e motivação da *crítica do juízo estético* (começo do terceiro período). Mas, o problema está longe de ser resolvido. Embora todos tenham partido dos resultados da filosofia crítica, os próprios estudiosos de estética não são unânimes sobre os princípios, e nem sobre o método; e mesmo a filosofia crítica ainda não encerrou seu obstinado conflito com o ceticismo. Em geral, de acordo com a observação de um grande pensador,[143] ainda há muito o que fazer no campo da prática. Mas, desde que Fichte descobriu o fundamento da filosofia crítica, há um princípio seguro para que se possa retificar, complementar e executar o compêndio kantiano da filosofia prática; agora não resta qualquer dúvida sobre a possibilidade de um sistema objetivo das ciências estéticas práticas e teóricas.[144]

[143] "Ver: Fichte, J. G. *O destino do erudito*, p. 28". (Nota de Schlegel.) Há uma tradução dessa obra para o português. Cf. FICHTE, Johann Gottlieb. *O destino do erudito*. Ricardo Barbosa (Trad.). São Paulo: Hedra, 2014.

[144] O esforço de Schlegel por fundamentar uma ciência da literatura em termos universais seria reconhecido um século e meio mais tarde por estudiosos como Ernst Robert Curtius, Erich Auerbach, entre outros. Cf. CURTIUS, Ernst Robert. "Friedrich Schlegel und Frankreich". In: CURTIUS, E. R. *Kritische Essays zur Europäische Literatur*. Berna: A. Francke Verlag, 1950.

Também no estudo dos gregos em geral e da poesia grega em especial, nossa época se encontra na iminência de uma grande fase. Durante muito tempo os gregos eram conhecidos apenas por intermédio dos romanos; o estudo era isolado e sem princípios filosóficos (primeiro período); então, como ainda continuava isolado, o estudo foi organizado e orientado segundo hipóteses arbitrárias, ou de acordo com princípios parciais e pontos de vista individuais (segundo período). Após essa fase, os gregos já eram estudados em seu conjunto e sem hipóteses filosóficas, mas, todos os princípios ainda eram negligenciados (crise da passagem do segundo para o terceiro período). Agora, falta ainda dar o último e decisivo passo: organizar todo o conjunto segundo princípios objetivos (terceiro período). A caótica riqueza de todos os elementos individuais, e o conflito entre as diferentes perspectivas sobre o todo levarão necessariamente a buscar e a encontrar uma organização universalmente válida do conjunto inteiro. Embora o conhecimento sobre os gregos jamais possa ser completo, e seu estudo jamais possa se exaurir: ainda assim é possível alcançar um ponto fixo, o qual poderá proteger o pensador, o historiador, o conhecedor e o artista de perigosos erros fundamentais, orientações completamente falsas e tentativas equivocadas de imitação.

"Mas não foi você" — seria possível afirmar — "quem estabeleceu que a força e a moralidade são postulados necessários da revolução estética? Como então pode ser possível determinar algo sobre a futura trajetória da formação, se as próprias condições preliminares dependem de uma confluência apropriada das mais raras circunstâncias? Isso significa depender do acaso? Quem poderá aprender a destreza com que a natureza produz os gênios e cria os artistas? É claro que através da formação se pode até aperfeiçoar um pouco o mais raro de todos os dons, o *gênio estético*, porém jamais criá-lo! Do mesmo modo, para a maioria dos indivíduos parece haver um limite originário e insuperável no que concerne a amplitude e o vigor da moralidade. Apenas algumas poucas exceções independentes são ilimitadas em sua capacidade de aperfeiçoamento. E será que essas exceções não devem sua independência à mais rara confluência de circunstâncias propícias — à casualidade? A orgulhosa razão do pensador puro naturalmente não irá aceitar, mas, a partir de uma análise imparcial da história da arte chega-se à seguinte conclusão: a natureza deve ser zelosa e mesquinha com seus dons mais preciosos; apenas de vez em quando, em seus mais belos momentos, ela lança caprichosamente um punhado de almas artísticas autênticas sobre uma terra afortunada, para que a luz não se apague completamente nesse mundo crepuscular."

Decerto, não se pode determinar nada sobre a trajetória futura da formação; mas, provavelmente, se pode supor muita coisa. Suposições as quais são impostas pelas necessidades da humanidade, que as eternas leis da razão e da história justificam e fundamentam. Como se fizessem parte do conselho dos deuses, alguns indivíduos parecem saber as intenções e impulsos ocultos através dos quais a natureza atua em segredo. Nem a ciência ou a história sabem tanto. Mas, algo que eles certamente sabem é que a raridade do gênio não é culpa da natureza humana, mas da imperfeita arte humana, do diletantismo político. A própria e infeliz sagacidade é que tolhe a liberdade da humanidade, dificultando a expansão da cultura. Se ainda assim, algum dia o fogo contido conseguir se libertar, isso será visto com espanto, como um milagre. Deixem livre a formação e se verá se falta força! De outro modo, por que então a plenitude abundante de forças adormecidas teria despertado, como que por magia, à mais ínfima ocasião propícia?

As condições necessárias de toda formação humana são: força, regularidade, liberdade e comunidade. Apenas quando a regularidade da força estética tiver sido garantida através do fundamento e da direção objetivos é que a formação estética poderá — através da liberdade da arte e da afinidade do gosto — tornar-se inteiramente eficaz e pública. A autêntica beleza deverá primeiramente ter fincado raízes profundas em muitos pontos individuais, antes que se espalhe por toda parte, antes que a poesia moderna possa alcançar a próxima fase de seu desenvolvimento: *a completa predominância do objetivo sobre todo o conjunto.*[145]

Mas, não se deve deixar algumas condições da formação estética esperando enquanto se conclui outras; todas as quatro (força, regularidade, liberdade e comunidade) encontram-se em constante ação recíproca. É por isso que é chegada a hora de limpar do caminho tudo o que possa impedir a *comunicação estética.* Especialmente entre os poetas e conhecedores de arte alemães predomina um modo de pensar muito perigoso e, na verdade, antiliberal,[146] o qual sanciona como princípio fundamental a originária falta de capacidade de comunicação alemã. A sublime serenidade da nação alemã, e a invejosa inimizade de espíritos mesquinhos, geram com frequência um terrível mau humor entre homens de mérito, porém vaidosos, o qual pode endurecer até se transformar em amargura maldosa. Amuados, eles ocultam suas pretensões ultrajadas com orgulho escarnecedor, encerrando seu talento inteiramente dentro de si, ou aparecendo com semblante aborrecido perante o público. Seu espírito é tão incapaz de se elevar por sobre o estreito presente, que consideram a autêntica beleza um mistério, e a divulgação da formação estética algo completamente impossível. Apenas através da sociabilidade é que se purifica, suaviza, aquece e alegra a particularidade bruta; o fogo interior é gentilmente impulsionado na direção da luz; a forma exterior é ajustada, determinada, acabada e fortalecida. Em contrapartida, a solidão excessiva é a mãe de estranhos caprichos. Daí decorre a dureza desajeitada, o tom áspero e o colorido sombrio de alguns escritores alemães, os quais, em outras ocasiões são excelentes. Por fim, esse caminho pode se distanciar tanto da simplicidade da natureza, do verdadeiramente essencial e da autêntica beleza, que poderia até levantar a dúvida se aqueles mistérios estéticos não

[145] Itálico de Schlegel.

[146] "Liberal" no dialeto de Schlegel significa, entre outras coisas, o espírito compreensivo, tolerante, universal, cosmopolita, poético, revolucionário, amante das artes e da plenitude da vida.

são uma *Ordem sem segredos*,[147] na qual cada um acredita que o outro é que sabe os segredos.

No que concerne a comunicação de conhecimentos, de costumes e do gosto, os franceses nos superam há muito tempo. Exatamente por essa razão é que, na poesia pública, eles podem alcançar um nível de perfeição mais elevado do que quaisquer outras nações cultas da Europa. Provavelmente se pretenderá explicar esse fenômeno inesperado como sendo o resultado da nova forma política, que talvez nada mais seja que o feliz impulso exterior a despertar uma força há muito adormecida. Onde quer que estejam presentes apenas alguns belos traços individuais — os quais possam se tornar as linhas básicas e os contornos de uma realização ideal — em um caráter nacional precisamente determinado; onde não esteja totalmente ausente o talento musical e poético; onde apenas exista algum tipo de formação estética: ali, uma lírica elevada deve surgir por si mesma, tão logo existam costumes, vontade e inclinação públicos, uma alma e uma voz da nação. A parcialidade mais decisiva e limitada não é pura e simplesmente desfavorável à beleza lírica, desde que a falta de amplitude seja substituída pela intensa força e a grandeza, como ocorreu entre os dórios.

O belo drama, ao contrário, exige amplitude absoluta da formação, e a completa liberdade de limites nacionais, qualidades as quais os franceses estão muito distantes de alcançar! Muitos séculos podem se passar antes que eles sejam capazes de alcançar essas qualidades: pois a nova forma política apenas concentrará ainda mais a parcialidade de seu caráter nacional, isolando-o de forma ainda mais aguda. É por essa razão que a chamada tragédia francesa se tornou um modelo clássico de algo completamente equívoco. Ela não é apenas uma formalidade vazia, sem força, encanto e matéria, mas até mesmo sua forma é um absurdo, um mecanismo bárbaro, sem princípio vital interno e organização natural. O caráter

[147] Schlegel se refere às Ordens Sagradas, como a Ordem dos Templários (séc. XII-XIV), muito comuns na Idade Média.

nacional francês pode aparecer de forma interessante e adorável no romance e na comédia, as quais se contentam modestamente em ser representações subjetivas; na chamada tragédia de um Racine e Voltaire, ao contrário, graças a uma desafortunada pretensão de objetividade, a mais infeliz perspectiva desse (caráter nacional francês) é idealizada até o ponto em que se torna insuportável. Em alternância contínua entre o desagradável e o insípido, a intensidade repugnante e a trivialidade vazia encontram-se aqui intimamente fundidas. De todo modo, tanto franceses quanto ingleses e italianos (o que menos nos deve ocupar agora é com a poesia das duas últimas nações, já que elas buscam antecipar algo aos alemães!) se ressentem de uma teoria objetiva e o autêntico conhecimento da poesia antiga. Mas, apenas para descobrir o caminho para chegar a esse conhecimento eles precisariam aprender com os alemães, algo que dificilmente se decidiriam a fazer!

Na Alemanha e apenas na Alemanha é que a estética e o estudo dos gregos alcançaram um nível que teve como consequência necessária a total transformação da arte poética e do gosto. Os avanços mais importantes no desenvolvimento gradual da estética filosófica foram o sistema racional e o sistema crítico. Ambos foram fundados e desenvolvidos por alemães: aquele, por Baumgarten, Sulzer e outros; este, por Kant e seus sucessores. Os sistemas empírico e cético da estética foram mais uma consequência necessária da marcha geral da filosofia do que a verdadeira invenção e mérito de alguns escritores ingleses. Na antiga maneira [*Manier*] da crítica clássica, nosso Lessing supera infinitamente seus predecessores ingleses em sagacidade e autêntico sentimento para a beleza. Os alemães introduziram um nível inteiramente novo e incomparavelmente elevado de estudo dos gregos; e, provavelmente, isso ainda permanecerá sendo propriedade exclusiva sua por bastante tempo. Ao invés de muitos nomes, os quais poderiam ser evocados, apenas um será mencionado aqui: Herder reúne o mais vasto conhecimento com o sentimento mais terno e a mais flexível receptividade.

Quem pode ainda duvidar do talento poético dos artistas alemães desde que o ousado e inventivo Klopstock tornou-se o fundador e pai da poesia alemã? Desde que o liberal Wieland a enfeitou e humanizou, desde que o engenhoso Lessing a depurou e fortaleceu, desde que Schiller emprestou-lhe grande vigor e um impulso ainda mais elevado? Através de cada um desses grandes mestres todo o conjunto da poesia alemã foi inspirado em direção à uma nova vida, desejando avançar cada vez mais com renovada força e vigor. Quantos outros poetas não seguiram aqueles primeiros mestres de um modo afortunado, ainda que singular, ou trilharam seu próprio caminho (não menos notável), o qual talvez não tenha se destacado apenas por não coincidir muito bem com o espírito do tempo e com a direção da cultura pública. Mesmo a elogiável tentativa de Bürger de levar a arte das bibliotecas estreitas dos eruditos e dos círculos convencionais da moda para o mundo livre e vivo, revelando ao povo os mistérios sagrados dos virtuosos, também foi o resultado de uma influência muito afortunada.[148]

Que longo caminho os franceses, nossos únicos rivais importantes, não devem percorrer antes que possam suspeitar o quanto Goethe se aproxima dos gregos! Outro sinal da aproximação ao antigo na poesia é a tendência acentuada ao coro nos poemas líricos mais elevados de Schiller (como "Os deuses da Grécia" e "Os artistas"); um artista que, em razão de seu descontentamento originário contra toda forma de limitação parece ser o mais distanciado da Antiguidade clássica. Por mais diferente que seja a aparência exterior e mesmo algum aspecto essencial, a semelhança desse estilo poético com aquele de Píndaro é inconfundível. A natureza deu-lhe o vigor do sentimento, a grandeza de pensamento, a plenitude da fantasia, a dignidade da linguagem e a violência do ritmo; (deu-lhe) o peito e a voz que há de ter o poeta que queira abarcar em seu espírito uma totalidade ética, de modo a representar a situação de um povo e dar expressão à humanidade.

[148] Gottfried August Bürger (1747-1794). Poeta alemão da geração de Goethe, Klinger, Herder e do *Sturm und Drang*.

Em semelhantes condições de heterogeneidade externa, os trechos mais deliciosos da poesia de Wieland são cômico-objetivos e autenticamente gregos. O conhecedor da graça ática e da autêntica comédia se surpreenderá ao reencontrar aqui com frequência Aristófanes, e, ainda com mais frequência, Menandro.

Não faltará gente cuja visão estreita é completamente incapaz de qualquer grande perspectiva histórica, que no detalhe só consegue perceber o detalhe, e que enxerga tudo como algo isolado; (gente) à qual não faltará objeções mesquinhas contra essa destinação da poesia alemã. Mas, se um feliz impulso transformar de repente a capacidade de comunicação (ainda adormecida) da arte e do gosto alemães em uma elástica vivacidade: até mesmo os observadores que somente conseguem perceber o óbvio descobrirão com surpreendente admiração que também aqui, quando se trata do nível de cultura, os alemães superam as nações mais cultas da Europa, na mesma proporção em que ficam para trás dessas nações, quando se trata da disseminação geral e profunda da cultura.

Winckelmann certa vez falou dos poucos que ainda conheciam os poetas gregos. Será que agora já existem alguns mais na Alemanha? Será que continuará crescendo o número daqueles que aspiram pela autêntica arte? Com essa esperança, dedico a todos os artistas este ensaio e esta coleção. Assim como os gregos chamavam também de músicos àqueles que organizavam ritmicamente a plenitude moral de seu ser interior, ordenando-o em harmonia, chamo de artista a todos os que amam o belo.

CADASTRO
ILUMINURAS

Para receber informações
sobre nossos lançamentos e
promoções envie e-mail para:

cadastro@iluminuras.com.br

Este livro foi composto em *Times new roman* pela *Iluminuras* e terminou de ser impresso nas oficinas da *Meta Brasil Gráfica*, em Cotia, SP, sobre papel off-white 80g.